刚果之泪 大国博弈下的云谲波诡

Tears
of Congo

"口袋中的世界史"丛书
丛书主编：沈志华
执行主编：梁 志

Intrigue and Struggle
in the Game
of Superpowers

苏婧 王延庆 ——— 著

天津出版传媒集团
天津人民出版社

图书在版编目（ＣＩＰ）数据

刚果之泪：大国博弈下的云谲波诡 / 苏婧，王延庆
著 . -- 天津：天津人民出版社，2024.1（2024.4重印）
（"口袋中的世界史"丛书 / 沈志华主编）
ISBN 978-7-201-18472-2

Ⅰ.①刚… Ⅱ.①苏… ②王… Ⅲ.①刚果－历史
Ⅳ.①K464

中国版本图书馆 CIP 数据核字(2022)第 092842 号

**刚果之泪：大国博弈下的云谲波诡**

GANGGUO ZHI LEI DAGUO BOYI XIA DE YUNJUE BOGUI

| | |
|---|---|
| 出　　版 | 天津人民出版社 |
| 出 版 人 | 刘锦泉 |
| 地　　址 | 天津市和平区西康路35号康岳大厦 |
| 邮政编码 | 300051 |
| 邮购电话 | (022)23332469 |
| 电子信箱 | reader@tjrmcbs.com |

| | |
|---|---|
| 策划编辑 | 王　玠 |
| 责任编辑 | 王佳欢 |
| 特约编辑 | 曹忠鑫 |
| 封面设计 | 汤　磊 |

| | |
|---|---|
| 印　　刷 | 天津海顺印业包装有限公司 |
| 经　　销 | 新华书店 |
| 开　　本 | 880毫米×1230毫米　1/32 |
| 印　　张 | 3.875 |
| 插　　页 | 5 |
| 字　　数 | 52千字 |
| 版次印次 | 2024年1月第1版　2024年4月第2次印刷 |
| 定　　价 | 44.00元 |

# "口袋中的世界史"丛书
# 编委会

主　　编:沈志华

**执行主编**:梁　志

**编委会成员**(按姓氏笔画排序):

朱　明　沐　涛　沈志华　陈　波

孟钟捷　姚　昱　梁　志　谢国荣

**执行主编**

梁志

历史学博士,现任华东师范大学历史学系教授、系主任,研究方向为冷战史、当代中国对外关系史。

**本书作者**

苏婧

华东师范大学历史学系在读博士研究生,研究方向为冷战史。

王延庆

历史学博士,兰州大学历史文化学院教授、硕士生导师,研究方向为冷战史、非洲史。2014—2015年马里兰大学访问学者。

# 总 序

历史系的青年教师们与天津人民出版社合作，计划出版一套通俗世界史读物，面向青少年，名曰"口袋中的世界史"，请我作序。

接到这个"任务"，脑海里立即呈现出我儿时读历史书的情景。我上小学时的历史知识都是来自"小人书"——《三国演义》《杨家将》《水浒传》等，到初中时，爱不释手的就是中华书局出版的"中国历史小丛书"了。这套书的主编是著名明史专家吴晗，作者也大都是名已见经传的历史学者。到20世纪60年代中期左右，该丛书共出版了一百四十多种，有人物、事件、古代建筑和名胜古迹，文字简洁，通俗易懂，还有名家插图。我想，我对历史研究的最初的兴趣或许就是从这里开始的。

如今已经是信息爆炸的网络时代了，获取历史知识的渠道和方式十分丰富。不过，对于青年人,特别是青少年来说,为他们编写一套专业、精致又简易的历史小丛书还是很有必要的,特别是在世界历史方面。青少年在走进世界之前,首先应该大致了解世界,这就需要读一点世界史,而仅靠应试教育的中学历史课程恐怕很难做到这一点。20世纪60年代,英国历史教育曾经出现了一次危机,英国学校委员会经过调查发现,学生们不喜欢枯燥无味的历史课,有学者甚至认为历史学科可以并入社会学科。于是,历史研究者和历史教师要向公众解释:历史教育为什么重要,为什么必须保留?这次危机引发了英国历史教育的重大改革,各地历史教师组成多个研究组织,探讨了使历史教学丰富多彩、引人入胜的途径和方式,其中增加历史游戏、历史戏剧和课外读物就是重要的内容。

梁志教授告诉我,第一辑有六本书计划出版,包括希腊内战(危机)、匈牙利危机、刚果危机、柏林危机、古巴导弹危机、"普韦布洛"号危机;第二辑包括世界历史上的六场战争;以后还会有人物辑、地理辑、科技辑、经济辑等。对于今天的中国历史教学来说,如果能够出版一套既能体现最新史学理念和成果,又多姿多彩、通俗易懂的世界史丛书,帮助青少年了解世界,并形成"睁眼看世界"的思维方式,进而通过课内外结合提升中学历史教育的有效性,或许能够走出历史教育的某些困境,也为中国这一代青少年走向世界奠定坚实的思想基础。

我非常期待"口袋中的世界史"能够顺利出版,并延续下去。

沈志华

2023年5月

# 写给读者

　　经过三年的筹备,"口袋中的世界史"丛书的第一辑终于和大家见面了。本辑的主题为"冷战中的国际危机",考虑到地域和时间分布以及危机类型等相关因素,选取了希腊内战(危机)、匈牙利危机、刚果危机、柏林危机、古巴导弹危机、"普韦布洛"号危机,呈现给大家。

　　冷战可以被视为距离当下最近的一段历史了。概言之,冷战是东西方两大阵营之间长期的竞争与对抗,本质上是一种非战非和的状态。恰恰是就这一点而言,国际危机可能是东西方冷战时期国家间关系的一种"常态"。正因如此,在核武器问世并逐渐成为全球毁灭性力量的情况下,如何应对国际危机,特别是防止国际危机演化为战争乃至世界大战,成为各国政要关心的重要议题。在古巴导弹危机后,美国国防部部长罗伯特·麦克纳马拉宣称:"今后战略可能将不复存在,取而代之的是危机管理。"由此,国际危机管理成为政治家、媒体、学者乃至大众共同关注的一个概念。

本辑选择的国际危机涉及亚非美欧各大洲,时间从20世纪40年代后半期一直延续到60年代末。这六次国际危机类型丰富,有内战危机、核危机和情报危机等。影响国际危机走向和结局的因素很多:本土各派势力的实力对比与博弈;超级大国(个别情况下也包括地区大国)的反应,特别是保持克制的程度(谈判并做出妥协的意愿如何、是否接受调停或倾向于动武等);国际上包括联合国在内的相关方的调停意愿与能力;各有关国家领导人(有时也包括各级军官)在危机期间对突发事件的判断和应对。

重温这六次国际危机的来龙去脉,可以从中窥见一段段跌宕起伏、惊心动魄的历史故事:既有政治家展现出来的大国智慧,又有普通人面对历史大势的隐忍无奈;既有国际秩序和国际格局对一国的刚性束缚,还有偶发因素影响下的历史"转弯";既有冷战政治与人道主义之间形成的有限张力,更有各种复杂要素共同形成的无限合力。

故事的情节固然精彩,但远没有防止国际危机恶化乃至爆发战争的经验和教训可贵。我和几位志同道合的中青年历史学人一直致力于史学研究,在出版社朋友的建议下,策划了丛书第一辑的出版。口袋是"小"的,历史是"大"的,希望这套小口袋书能够给读者打开历史大视野,从中国放眼世界,在世界中认识中国。

梁 志

2023 年 5 月

*contents*

# 目　录

# 楔　子

　　1961年1月17日，年仅36岁的刚果第一任总理帕特里斯·卢蒙巴（Patrice Lumumba）等3人，在惨遭加丹加宪兵队毒打后，随着几声枪响，倒在血泊中。

　　整整8个月后（9月17日），联合国秘书长达格·哈马舍尔德（Dag Hammarskjöld）乘机飞往北罗得西亚的恩拉多市，准备与加丹加分裂政权领导人莫伊兹·冲伯（Moïse Tshombe）磋商刚果统一问题。不幸的是，飞机在准备着陆时坠毁，无人生还。当时究竟发生了什么至今仍是谜团重重。

　　资料表明，美国中央情报局曾试图除掉卢蒙巴，并派专人筹划与实施投毒等暗杀行动。在遇害的4天前，卢蒙巴曾写信请求哈马舍尔德帮助自己获释，无奈遭到拒绝。两人的死亡时间相隔不到一年,这是否与美国有关?冷战的阴霾是否也笼罩了新生的刚果?卢蒙巴的生命代价会是刚果脱离困局的一剂"良药"吗?

# 一、被迫中断的刚果古文明

刚果原是比利时的殖民地，1960年独立后改国名为"刚果共和国"，1964年又改为"刚果民主共和国"，1966年首都利奥波德维尔改称"金沙萨"。人们习惯上把独立前至1966年的刚果共和国称为"刚果（利）"（下称刚果），1966年之后称为"刚果（金）"。1971年，刚果共和国改国名为"扎伊尔"；1997年恢复为"刚果民主共和国"，并沿用至今。

## 1. 从文明古国到殖民地

刚果地处非洲中部，是非洲除苏丹外版图最大的国家（230万平方公里，相当于西欧），素有"非洲心脏"之称。这里蕴藏着丰富的矿产资源，特别是制造核武器所需的铀、发展军火工业需要的铜和制造航天器材必需的多种稀有金属，以及黄金、钻石等重要矿产。

早在史前时期，刚果就已经有了人类活动，并发展出了森林文化。人们就地取材，采集各种植物，捕捞鲶鱼，猎捕猩猩、羚羊和野猪等。这片土地并非与世隔绝，如打火石可能是通过300公里的远距离交易获得的。20世纪50年代末，加丹加地区的两座公元八九世纪的古墓里出土了不少铜器和铁器（包括铜铸十字形货币），说明这里早在1000多年前就有了发达的炼铜业和商业。

10世纪起，刚果河流域陆续形成一些王国，到14世纪出现了首批古代国家，如刚果王国（the Kongo，指刚果河口附近居住的刚果族；Congo指这个国家和刚果河），卢巴王国（the Luba），库巴王国（the Kuba）。其中，刚果王国最为著名，版图包括刚果（金）西南部的宽果（Kwango）高原地区，刚果（布）南部和安哥拉西北部，巅峰时期大约有50万臣民。随着15世纪葡萄牙殖民者探险活动的开展以及天主教逐渐传入，刚果国王和葡萄牙人的贸易成为其权力基础。王国内拥有相对发达的经济和文化，居民从事农耕、畜牧和采矿，创造了雕刻、陶瓷、编织等丰富的传统技艺。

刚果的这种自然状态很快遇到了外来的严峻挑战。15—18世纪,葡、荷、英、法等国争相入侵刚果,并肆意掠夺财富和人口。大西洋奴隶贸易逐步瓦解了以村落和家庭为基础的社会组织形式,动摇了传统社会部族长老的权威。到19世纪,刚果王国覆灭。

19世纪中期,比利时殖民者的铁蹄开始踏进刚果。1876年,比利时国王利奥波德二世(Leopold Ⅱ)以科学研究、资助探险者以及禁止奴隶贸易的名义介入刚果事务,并召集英、法、德、俄和奥匈帝国在布鲁塞尔成立殖民公司"国际非洲协会"(L'Association Internationale Africaine),妄图开发这块"地球上唯一文明尚未进入的地区"。1879—1884年,英国探险家亨利·斯坦利(Henry Morton Stanley)在利奥波德二世的资助下,对刚果河流域进行了为期5年的探险,欺骗和诱迫当地的部族酋长接受了四百多个"保护条约",并据此建立了一系列殖民据点,包括以利奥波德二世和自己名字命名的利奥波德维尔和斯坦利维尔。其间,英、法、葡等殖民国家也纷纷加入到争夺刚果的行列之中。

1884—1885 年的柏林会议（Berlin Confer-ence）是欧美列强瓜分刚果地区乃至疯狂争夺非洲的新起点。经过 3 个月的激烈争执，利奥波德二世成功说服英、法、德等 14 国，承认刚果由自己以个人名义统治，并称之为"刚果自由邦"（Congo Free State）。会议还同意利奥波德二世新成立的"国际刚果协会"（L'Association Internationale du Congo）享有中非大片领土的主权。对此，作家戴维·范·雷布劳克曾毫不讳言地指出，"刚果自由邦"实际上名不副实，因为这个国家根本不存在自由贸易、自由就业和自由公民，有的只是强制劳动、垄断经济和奴役。

　　刚果地区盛产象牙和橡胶。自欧洲人踏上这片土地起，象牙贸易就开始了。1888 年，充气轮胎的发明使得全世界对橡胶需求迅速攀升，却让刚果人民坠入深渊。利奥波德二世抓住这一巨大商机，以征税的方式强迫当地居民采集并上交规定数量的橡胶和象牙。如果完不成任务，哪怕是没有装满橡胶桶，都有可能被砍掉手足或直接枪决，残忍至极。可以说，每一滴橡胶无不浸透着被奴役人民的鲜血，因此被当地人称为"血橡胶"。1891 年，

图1　反映刚果自由邦时期,刚果人民生活在比利时人暴虐魔爪下的历史漫画:"在橡胶圈中"

刚果的橡胶产量只有几百吨。在比利时殖民者的残酷压榨下,刚果在1896年的橡胶产量已跃至1300吨;1901年,更是飙升到6000吨。1891—1899年,刚果象牙出口价值从280万比利时法郎增加到530万比利时法郎,橡胶出口价值则从30万比利时法郎暴增至2800万比利时法郎。比利时国王从刚果获利甚丰,每年进账达数百万之巨。

遍地开花的橡胶树种植园极大地挤占了刚果人民和野生动植物的生存空间,导致农业萎缩,本土贸易基本上陷于停滞,铸铁、木刻等传统工艺逐渐失传。19世纪与20世纪之交,当地人民因营养不良而虚弱不堪,上百万的民众因染上昏睡病或其他传染病而悲惨地死去。再加上越来越多的人逃离此地,一个曾经富饶的非洲古老文明不得不面对逐渐消亡的命运。

比利时殖民者的残酷剥削和高压统治,不仅在人民心中埋下了仇恨之根,也遭到了国内外人士的强烈反对。1908年,刚果自由邦正式从比利时国王的私人领地变为比利时政府的殖民地,改称"比属刚果"(Belgian Congo)。比利时政府接管刚果后,颁布了《殖民地宪章》(*The Colonial Charter*),完全剥夺了刚果人民的政治权利,由比利时议会及其指派的刚果总督负责管理。

在"比属刚果"时期,刚果丰富的金、铜、铀等矿产资源吸引了英、法、比等国的采矿企业,如东方省基洛–莫托金矿、上加丹加矿产联合会、刚果国际森林和矿业公司、下刚果至加丹加铁路公司。比属刚果的行政体系高度官僚化,经济由5个大型的垄断公司控制,其中最大的是比利时总公司,每年从刚果获得巨额利润。比利时政府对刚果采取家长式的统治,刚果人民没有任何政治和经济权利,生活在社会底层。在国际大公司开发之处,剥削和奴役以新的形式出现。大量矿工背井离乡,工作辛苦却报酬甚微。1908—1921年,刚果的第一波工业化推动了城市化和居民无产阶级化的进程。

当然,城市化也给刚果人民带来了新的问题。由于比利时对刚果自然资源开发的迫切需要,大量本地劳动力被招募进入矿山和工厂,农村青壮年人口纷纷搬进城市。二战后,70%的刚果农村人口密度已不足每平方千米4人,城乡之间的分化日渐突出。

在欧洲文明的影响下,刚果人开始接受新的生活方式。原先在当地流行的殉葬、毒杀、奴隶制和一夫多妻制等传统习俗逐渐被废除,刚果人开始穿上了体面的衣服,学习欧洲文字和新的语言。基督教也被越来越多的人接受,教会在这里开办了很多小学,使刚果人的初等教育普及率得到提高。不过,大部分学校几乎没什么设备,学童坐的是粗糙的木墩,更不用说像样的教具了。绝大多数儿童只上过两年小学,孩子们在校园里干活的时间比学习的时间还多。

比利时殖民者并没有打算培养一个本土精英阶层。殖民统治早期，刚果人一直被禁止获得中、高等教育的机会。中等教育要么是职业培训，要么是面向极少数人的神学院教育，根本不存在提供综合教育的中学。直到1938年，殖民当局才试探性地建立了第一批中学。此后很长一段时期，中等教育的目的仍是培养木匠或神学院的学生，教士等神职是刚果人所能获得的最高社会地位。

1954年，刚果建立了第一所大学——鲁汶大学（Lovanium），即比利时天主教鲁汶大学（Catholic University of Lovanium）的附属分校。开学第一天，这所大学仅有33名学生和7名教授。1959—1960年，刚果虽然号称有140万小学生，但中学生仅有不到3万人，上过大学或接受职业技术培训的仅136人，在独立前几乎没有刚果人从事医生、药剂师和专业律师等技术含量较高的职业。到1960年独立时，刚果人才严重匮乏，大学毕业生只有16名，法官、医生、教授、工程师等屈指可数。

刚果地区虽然没有以法律形式确立种族隔离制度，但现实生活中的种族歧视与隔离无处不在。

早在20世纪20年代,在刚果的欧洲人公务员就成立了第一批工会,但这些工会不吸纳刚果人,后来成立的本地专业工人联合会(Syndicats des Tra -vaileurs Indigène Spécailisé)也把90%的刚果人排除在外。1951年,刚果殖民地行政委员会作为非正式顾问机构只吸收了大多来自农村的8名非洲人委员;在职业发展方面,当地人不可能进入公司高层;在行政领域,非洲人的最高职位是文书和打字员;在城市里,位于市中心的欧洲人居住区与边缘的黑人社区界限分明,就连墓地也是按种族分割的。

哪里有压迫,哪里就有反抗。在比利时殖民当局简单粗暴的统治下,刚果人的反抗运动从来没有停止过。从一战到1947年间,刚果人民先后发动过8次较大规模的武装起义,斗争的火种已然埋下。

## 2.艰难的社会转型

二战期间,刚果经济被纳入盟国的反法西斯战争体系,成为铀、铜、钴和工业钻石等战略矿产的供应地,这里为美国研制第一批原子弹提供了必需的铀,后来两颗原子弹被投到了广岛和长崎。

战争不仅摧毁了德、意、日法西斯,英、法等老牌殖民帝国势力也遭到重创,纷纷从殖民地撤离,旧时代的殖民掠夺走到尽头。二战期间,由于被德国占领,比利时政府被迫流亡到伦敦,靠着刚果殖民地才得以幸存。在战后重建时期,比利时更加依赖刚果。殖民官员总是说刚果是"比利时的第十个省",试图将其视为宗主国不可分割的一部分,而不是遥远的海外领土。

随着刚果人民独立与民族意识逐渐觉醒,比利时人也不得不谋划新的殖民篇章。1949年,比利时政府出台了一个雄心勃勃的十年计划,目标是在刚果全境提供现代化基础设施,并鼓励比利时人全家移民刚果。到1952年,刚果的欧洲人数量上升到69204人,创下历史新高。也是在这一年,刚果总督莱昂·佩蒂永(Leon Petillon)提出了"比利时–刚果共同体"(Belgian–Congolese Community)的构想,试图取代过去"为了服务而统治"的口号,希望共建一个全新的、现代的世界。

然而,刚果人的境况并没有多大的变化,旨在让他们享有更多权利的基本改革并未实现。新来的比利时人多为中产阶级,生活优渥。他们住在郊区新建的高级别墅里,有时,在周末早上,伴着阳光和微风,他们会在自己的花园里用水管洗车,享受着悠闲舒适的生活,与本地人形成鲜明的对比。对比利时人来说,刚果不过是他们茶余饭后的谈资,从内心深处同情刚果人的欧洲人少之又少。两个群体仿佛生活在不同时空里,几乎没有什么交集,"比利时–刚果共同体"只是一个空想,殖民地的社会面貌并没有多大改变。

如果按照这样的路径发展下去,刚果社会很难形成一个受过良好教育的当地人中产阶级,独立对刚果而言似乎还很遥远。历史的迷人之处在于,很多改变历史进程和决定历史突变的力量在萌芽时期常常微小、无名,不被人注意,却热情、有力,悄悄蓄积能量,等待有朝一日的爆发。这就如同此时的刚果:与民族主义运动共同发展的,还有来自刚果的传统势力的式微和政治精英的逐渐成长。

二战期间,由于人力资源短缺,比利时在刚果培养了一批具有中等学历的年轻一代,使他们能暂时管理本地事务。战争结束后,比利时殖民当局开始笼络传统势力,给予其教育和经济权利上的优待,希望他们可以成为协助自己管理当地的盟友。由此,少量刚果人开始有机会进入比利时殖民机构和外资公司任职,一个新兴的刚果精英阶层正在悄然形成。

这部分刚果人绝大多数生于城市,在教会学校接受过教育,之后在欧洲人的公司上班。他们向往西方的生活方式,自称为"先进阶级"(évolués),通常摇摆于两种文化之间,渴望通过法律获得社会地位,或至少得到政府的特别保护。然而比利时殖民当局无意接受他们进入欧洲人的社会,也没有打算培养本土精英阶层。为了应对这部分民众需求,1948年,比利时殖民当局找到了一个临时的解决办法:"先进阶级"可以申请"优秀公民证书"(Certificate of Civil Merit)。只要没有犯罪记录、不支持一夫多妻制、不信巫术、能读会写,都有资格申请。持证者有诸多特殊待遇,如免受体罚,审判时可由欧洲法官进行判决,可以住进独立的病房,晚上六点后可以经过欧洲人社区,等等。

作为比利时施惠政策的受益者,这些先进阶级逐步成为刚果本土的政治精英。在他们的领导下,刚果出现了一些充满活力的校友会、学术俱乐部,其中圣母圣心校友会(Association des Anciens Eléves des Péres de Scheut)成为第一代刚果政治家的摇篮。1950年,整个刚果出现了300多个类似的组织。他们举行读书会、组织辩论,为后来的政治觉醒埋下了种子。尤其在城市,作为文化组织的部族协会很快表现出政治野心。

1952年,比利时殖民当局推出"登记卡"(Registration Card),赋予"先进阶级"在公共生活中和法律面前与欧洲人同样的权利,尤其是他们可以把子女送到欧洲国家读书。殖民当局对登记卡申请的审查极其严苛,通常带有羞辱性。在申请过程中,检查员可以随时造访申请者的家,检查他们的生活是否真的"文明":家庭成员是否用刀叉吃饭,餐碟样式是否大小一致,孩子是否都有独立的床,厕所是否干净,等等。到1958年,在刚果1400万申请者中,仅1557人获得优秀公民证书,而获得登记卡的更是只有寥寥的217人。这些象征性的同化措施根本无法消除刚果人与欧洲人在诸多方面的不平等。

1955年是刚果独立进程中具有标志性的一年。一名穿着毫无瑕疵的"先进阶级"精英——约瑟夫·卡萨武布(Joseph Kasa-Vubu)登上了历史舞台。1915年,他生于下刚果省,在圣母圣心会校友会的教会学校接受过教育,先后做过老师、文书、公务员。25岁时,他在殖民当局财政部门担任行政助理,从而成为城市精英中的一员。他积极地接触当地人,思考社会和种族问题,呼吁黑人和欧洲人"同工同酬"。后来,他加入圣母圣心会校友会在利奥波德维尔的分会,二战结束后成为该校友会的秘书长,并一直任职到1956年。1955年,他被任命为巴刚果人联盟(简称"阿巴科",成立于1954年)的主席。由于刚果独立进程加速,他把阿巴科党转变为政党,为"先进阶级"的政治化奠定了基石。

另一事件也让1955年成为关键的一年。尽管在那时,比属刚果没有哪个"先进阶级"意识到这一点,毕竟这件事发生在比利时和荷兰。1955年12月,佛兰德天主教工人联合会(Flemish Catholic Workers' Federation)的杂志《向导》(De Gids)刊登了一篇题为"比属刚果政治独立三十年计划"的文章,作者是安特卫普海外领地学院教授热夫·范·比尔森(Jef Van Bilsen),他曾作为比利时通讯社(Belga)的一名记者在刚果长期工作。文章认为,殖民当局应该着手培养包括工程师、军官、医生、政治家和官员在内的刚果知识精英,以便刚果能在1985年前自立。比尔森的"三十年计划"主张缓慢地实现刚果的现代化,他把1985年设定为最后期限,使整个计划变得具体了。这篇文章的法语版一经刊登,立即引发了热议。1956年七八月,一份有着天主教渊源的杂志——《非洲的觉醒》(Conscience Africaine)刊发了另一篇文章,大胆地以"宣言"(Manifesto)为题,也强调刚果的政治解放势在必行,并支持渐进变革。文章呼吁建立比利时-刚果联合体,以和平的方式结束各种形式的种族歧视。文章最后用大写字母写道:"我们想成为文明的刚果人,而不是'黑皮肤的欧洲人'。"

卡萨武布组织阿巴科党员共同研究了《宣言》,并于1956年8月发表了《反宣言》(Counter-manifesto),宣称"我们只想取消这一计划,因为执行这一计划就意味着再次将刚果的独立延期。时机已经成熟,他们必须让我们获得解放,而不是再推迟30年。历史上没有迟来的解放,因为当时间到来之时,人民不会再等待"。他的发言像一枚炸弹震荡了整个殖民地。刚果人开始公开要求快速从比利时人的殖民统治中解放出来,这还是第一次。

刚果人民突然提出独立的诉求,对殖民官员犹如晴天霹雳。二战结束后,去殖民化的浪潮席卷了亚非地区,菲律宾、印度、巴基斯坦、缅甸、锡兰和印度尼西亚相继获得独立,北非的埃及摆脱了英国殖民统治,摩洛哥、阿尔及利亚开始争取更大的自治权。在1955年的万隆会议上,新独立和正在争取独立的国家一致要求抛弃殖民主义,强调"所有形式的殖民主义者都是罪恶的,应该快速走向终结"。苏丹派团参加,并在几个月之后获得独立。埃及和印度的广播电台也开始宣传反帝国主义。通过这些电台,刚果人能够收听埃及的《非洲之声》(*La Voix de L'Afrique*)和印度的《全印广播》(*All India Radio*)反复传递的信息——"非洲是非洲人的非洲"。

重新审视当时的刚果,它算是非洲城市化水平、无产阶级化和受教育水平较高的殖民地之一。22%以上的人口居住在城市中,40%以上有行为能力的男性为雇主工作,60%以上的儿童上过小学。不过,这种局面并不稳定。从1956年开始,工人工资的增长陷入停滞状态,甚至出现下滑。受朝鲜战争的影响,国际市场上原材料价格下跌,刚果经济出现刹车,城市人口失业率增长,社会不稳定性增加。

为应对越来越动荡的局势和少数精英自我意识的觉醒,比利时不得不再次调整殖民地政策,决定让刚果居民初步参与政治。1957年,殖民当局通过一项法律,规定在一些大城市的本地人居住区,居民可参与区长和地方议会的选举。1957年12月8日,刚果举行了第一波市政选举,80%~85%的选民参与了投票。结果,阿巴科党在利奥波德维尔表现突出,赢得了市议会170个席位中的139席,卡萨武布顺利出任利奥波德维尔市登达尔区(Dendale)的区长。随即,他发表了一系列反对比利时政府的演讲,并要求建立学校,允许刚果人前往欧洲,承认刚果是一个独立国家以及出版自由等,其中最重要的是要求在刚果建立一个民主政体,实现普选和内部自治。

1958年,激动人心的转折点到来了。这年夏天,比利时在布鲁塞尔举办世界博览会,数百名刚果人受邀参观。过去很长一段时间里,由于刚果地域辽阔,加之殖民当局限制本地人通行,不同地区的刚果人很少有机会接触和交流。这次世界博览会不仅让刚果人发现了不一样的比利时,也为他们创造机会发现了本为盟友的彼此。在此期间,他们见到了比利时的许多政客和工会领袖,更加强化了他们的政治意识。不仅如此,利奥波德维尔居民第一次和伊丽莎白维尔、斯坦利维尔等地的居民有了交流的机会。大家共享逸事,谈论家乡,梦想着不一样的未来。28岁的约瑟夫·蒙博托(Joseph Mobutu)就是其中之一。

蒙博托来自赤道省,在利奥波德维尔圣母圣心会学校上过小学,上了一年中学后加入治安部队。后来,他还做过秘书、图书保管员、打字员等工作,1954年被提拔为中士。他还用笔名向《非洲新闻》(*Actualités Africaines*)等出版物投稿。1956年,他成为一名全职记者。

1958年末，当参加世界博览会的刚果人返回故土时，阿尔及利亚的独立战争正进展到紧要关头，摩洛哥、突尼斯、苏丹都已摆脱了殖民统治。法国总统戴高乐在一河之隔的布拉柴维尔宣称，"那些想要独立的人可以过来，将独立拿去！"试想一下，如果河对岸的比利时人正悠然地靠着椅背，喝着咖啡时听到这句话，多半会被呛到。

阿巴科党在地区选举的成功受到广泛关注，似乎每个地区都想成立自己的政党，如加丹加的科纳卡特党（CONAKAT，即加丹加部族协会联盟）就是其中之一。1958年10月10日，利奥波德维尔的比利时通讯社收到一份新闻稿，内称一个新政党——刚果民族运动党（Mouvement National Congolais）成立了。这个消息并不特别，因为同月还有其他政党成立。令人意外的是，刚果民族运动党在公报中提出了完整的国家主义主张，党纲包括"积极反抗所有形式的地区分离主义"，"刚果必须从帝国主义殖民统治下解放出来，在合理期限内通过和平谈判实现国家独立"等内容。刚果民族运动党是第一个将刚果视为整体的本土政治组织，首任主席正是年轻的帕特里斯·卢蒙巴。

卢蒙巴于1925年生于开赛省的一个村庄,曾在新教和天主教教会学校上学。二战期间,他奔波于内陆各地,后在斯坦利维尔市找了一份级别不高的行政工作,之后又成为邮局职员。他利用各种机会提高自己的语言能力和知识水平,在当地社团活动中表现活跃。他曾任邮政工人协会、斯坦利维尔先进阶级协会主席,还与比利时自由党保持着联系。他擅长撰写一些政治分析文章,并向《刚果之声》(*La Voix du Congolais*)、《刚果十字架》(*Le Croix du Congo*)投稿。在斯坦利维尔,见过他的人都对他印象深刻:他思维敏捷、热情洋溢、精力充沛、充满魅力,喜欢蓄须,穿西装、打领结,这种形象在非洲人当中并不多见。1954年,卢蒙巴获得了梦寐以求的登记卡。1955年,比利时博杜安国王考察刚果时,他向年轻的国王解释了刚果人遇到的问题。这一年,他带领斯坦利维尔的"先进阶级"协会走上了政治化道路,也因此成为当地最具影响力的刚果人之一。

后来,卢蒙巴在利奥波德维尔的波乐啤酒厂任销售经理。凭借能言善道,他把波乐啤酒卖火了,工资甚至比很多欧洲人还要高。更重要的是卢蒙巴有着高超的演讲才能，不管下雨或黑夜，人们都愿意留下来听他讲话。他怒斥欧洲人言行中对刚果人的羞辱，与民众谈殖民统治的暴行，谈种族仇恨和矿区、公路、铁路建设中的强制劳动，听众都因有这样的领袖而欣喜不已。

1958年12月，卢蒙巴前往加纳首都阿克拉参加了第一届非洲国家独立大会。就在一年前，加纳成为撒哈拉以南非洲第一个宣布独立的国家。总统恩克鲁玛一直梦想非洲的自由和统一，于是邀请全非洲的领导人和思想家欢聚一堂。可以说，这次会议对卢蒙巴的影响超过任何一本书。其间，他与参会人员进行了广泛的交流，并获得他们对刚果独立的支持。此后，比属刚果越来越不合时宜，卢蒙巴认为必须把自己的国家从恐惧和耻辱中解放出来。

## 二、刚果危机缘起

1946年到1956年，刚果一片平静，没有一个本土组织敢想独立之事。"独立？"1959年，在宗教集会上，当时的圣心会传教士、未来的大主教彼得勒斯·韦南茨（Petrus Wijnats）不以为然，"75年以内有可能，但50年内肯定不可能！"的确，农村居民一如既往地温顺，城市居民看起来也对现状很满意。在如此平静的社会之下，人们怎会想到一场政治大变动正在孕育呢？

### 1.突然到来的独立

如果说刚果表面的平静下危机四伏，那么刚果人民真的想独立吗？他们想什么时候实现独立？他们所期待的独立又是什么样的呢？对于这三个问题，各方的立场和观点十分不同。有人想立即切断与比利时人的关系，实现刚果的完全独立；其他人则支持渐进式去殖民化，继续保持与宗主国比利时的关系，同时各省享有较大的自治权。这时的刚果人民根本无法预测历史的浪潮会将刚果带向何处去。

复杂的形势也为有着共同追求的刚果人创造了彼此了解的机会。两个热血青年——卢蒙巴和蒙博托，一个33岁，一个28岁，注定要在这场政治斗争中相逢。卢蒙巴在闲暇时经常阅读蒙博托发表在《非洲新闻》上的文章，他也常去蒙博托家用餐，畅谈理想。谁也未曾料到，就在两年后，两人却在刚果政治内讧中分道扬镳了。

1959年1月4日，阿巴科党在本地人居住区的基督教青年会招待所安排了一场集会。就在此前一周，卢蒙巴面对7000名听众发表了自己最精彩的一次演讲，大谈自己的阿克拉之行。演讲结束后，台下的听众热情高涨，齐声高喊："独立！独立！"对殖民当局来说，卢蒙巴个人太具有煽动性，于是禁止他参加当日的集会，但他还是与蒙博托准备到现场看看。

当时，准备看足球赛的人和参加阿巴科党集

会的人混杂在一起。一个欧洲人电车司机与阿巴科党的一名支持者因发生口角而挥拳相向,并引发更多人加入混斗。黑人警察和欧洲人高级警察赶来维持治安,民众被激怒,马上有人高喊:"独立!""抓住欧洲人!"随后,警察鸣枪警示,却导致了更大的混乱,停在远处的一辆吉普车被掀翻、点燃,卡萨武布被迫取消了这次集会。坐在摩托车上驶来的卢蒙巴和蒙博托可能不会相信自己的眼睛:他们从未料到群众会爆发如此大的能量。如今,他们将要和群众走到一起。

利奥波德维尔当时约有居民40万,其中2.5万是欧洲人,只有1380名警察,并没有所谓的"国民警卫队"。几小时内,事态已经蔓延到本地人所有的居住区。石头像雨点一样砸向欧洲人的汽车,玻璃窗被砸碎。为了维持秩序,警察向示威者开火,柏油路上一摊摊血迹倒映着火光。一些刚果青年遇人就抢,所有比利时人都成了他们的目标,希腊人和葡萄牙人的商店、天主教堂和教会学校也遭到破坏和洗劫。殖民当局立即调派利奥波德维尔兵营的军队前来镇压。起初,他们用催泪瓦斯,后来直接开枪。很多示威者中枪倒地,还有愤怒的欧洲人拿起猎枪"帮忙"。

官方数据显示,在镇压过程中,刚果人有47人死亡,241人受伤,但目击者认为有200人甚至300人死亡。在欧洲人的医院内,数十名欧洲人等待治疗;医院外,他们的汽车已经面目全非;家里的黑人童仆早已无影无踪,刚果不再是比利时人所吹嘘的"唯一安定的绿洲""殖民统治的典范"。大约晚上6点,城市虽然余火未尽,但也基本恢复了宁静。对于这次骚乱,很多比利时人表现出失望。他们或许也意识到对示威者的镇压用力过猛了,对彼此说着"我们把脸丢尽了"。有些人开始囤积沙丁鱼罐头和植物油,有些人则直接预定单程机票返回布鲁塞尔。

在骚乱过去一个多星期后,比利时内阁的政策白皮书和王室公开发表声明,并将"独立"写入政策文件中。政府的文件虽然闪烁其词,博杜安国王的演讲却清晰明了:"我们今天的决定是为了带领刚果人民走向繁荣与和平,不拖延也不激进地迈向独立。""独立?!"这个消息好到让人觉得不真实,卡车司机开车经过下刚果省的乡村时猛按喇叭,朝着窗外高声唱道:

独立来了，

独立很快就是我们的了。

博杜安自己都这么说了，

欧洲人首领都这么说了。

独立来了，

独立很快就是我们的了！

民众的欢乐并不意味着刚果会回归暴乱前的状态。1月4日骚乱后，殖民当局颁布法令，解散阿巴科党，拘留了卡萨武布和另外2名领导人（后被释放）。这一举措反而提高了卡萨武布在刚果内地的声望，首都的骚乱开始向农村蔓延，一些抗议传统由来已久的地区再次陷入动荡之中。

刚果即将独立的前景激发了更多人政治参与的热情与野心，新的政党如雨后春笋般出现。1958年底，刚果只有6个政党；一年半后，各种政党已多达100个。在非洲中部大部分地区，传统权威建立在年龄的基础上，酋长们享受着人们的尊重。如今，比利时政府推行普选制，一群二三十岁的年轻人成为传统权力的有力竞争者。这些政党领袖多是相对年轻、接受过中学教育的中年男子，他们活跃在校友会或文化协会，与群众多有接触，热心参与本地事务，具有一定的政治觉悟和素养。这让酋长们感到无可奈何："引入普选制度后，传统权威将被削弱，注定消失。"

除了卡萨武布、卢蒙巴等人外，隆达地区（原隆达王国，位于加丹加和安哥拉交界地带）也有一位男子将在政治角逐中崭露头角，他就是莫伊兹·冲伯（Moïse Tshombe）。冲伯出身于非常富有的贸易商家庭，学过记账，娶隆达大酋长的女儿为妻，他还领导过伊丽莎白维尔最重要的组织——隆达人协会。加丹加省多年来矿业的快速发展导致外来工人迅速增加，原住民感觉自己的利益受到威胁。冲伯领导下的科纳卡特党试图实现广泛的地区自治，为加丹加原住民争取更多的权利。

阿巴科党与科纳卡特党都希望成立权力高度分散的刚果邦联，甚至主张下刚果省和加丹加省成为独立国家。除此之外，刚果政党之间的区别主要在于两种立场之间的选择。首先，是激进还是温和？刚果民族运动党支持快速去殖民化，并与比利时宗主国彻底决裂；而科纳卡特党较为温

和,不打算完全斩断与比利时的联系。其次,支持
联邦制还是单一制?阿巴科党反对殖民主义,要
求刚果独立后建立联邦制;作为唯一的全国性政
党,刚果民族运动党则要求独立后建立单一制的
国家。

1959年4月,在卢蒙巴的号召下,8个主要政
党为了落实独立事宜齐聚开赛。这是刚果人举行
的首次政治大会,类似于小规模的阿克拉会议。
博杜安国王之前承诺在独立问题上"不拖延也不
躁进",但判断拖延和躁进的标准是什么呢?卢蒙
巴希望借此机会商定独立日期,如果这次大会能
够就独立事宜达成共识,那么无论对刚果,还是对
他个人,都将是巨大的胜利。

在会议期间,卢蒙巴建议刚果的独立日期为
1961年1月1日,立即遭到与会者的反对:"为什
么这么着急? 难道1961年1月1日是世界末日
吗?"在当时的情境中,雄心勃勃的华丽言辞往往
比切实有效的倡议更有价值。迅速、无条件实现
独立成为目标,甚至成为一种强迫性的观念。各
政党似乎都在这场史无前例的赌局中盲目下注,
任何提议渐进改变的人都会被卢蒙巴斥责为殖民

主义的走狗,"自由的贫穷好过殖民条件下的富裕"之类的口号十分流行。至于未来可能的国家领导人,除了会场上几个本地人居住区的区长外,实际上并没有几个人有政治经验,而恰恰是他们将掌控一个面积堪比西欧国家的未来。

此后,刚果人与殖民政府之间的矛盾和冲突不断升级,1959年末举行的市政选举遭到阿巴科党、刚果民族运动党和非洲团结党等组织的抵制。比利时希望渐进式民主化能够赢得民众的支持,但事与愿违,紧张的局势已经不受控制。对刚果人而言,独立才是当务之急。各主要政治组织在积极寻求外援的同时开始走向联合,而多地掀起了声势浩大的工人罢工和群众运动。在刚果人民的强大压力下,比利时政府被迫于10月推出一项"刚果五年内分阶段独立"的计划。12月,各主要政治组织再次举行联合会议,一致拒绝这项新计划,要求刚果立即获得独立。比利时政府再次被迫作出让步,提议与刚果代表就具体事宜进行磋商。

在这次联合会议上,刚果代表团由约60名比利时人、90名刚果人组成。其中,刚果人代表主要由各政党领袖和一些部族长老组成。会议开始前,他们暂时抛开党派争斗、部族冲突和意识形态上的对立。不过,很多代表准备不足,并没有详细的议程,甚至没有立场,毕竟他们并不奢望这次会议能达成任何有效的决议。

1960年1月20日至2月20日,比利时-刚果圆桌会议在布鲁塞尔国会大厦如期召开,开始讨论一些棘手的问题。会议召开后的五天内,刚果代表团统一战线就取得了三大胜利:一是说服比利时代表释放了在斯坦利维尔骚乱后被捕入狱的卢蒙巴,并允许他出席此次会议;二是比利时代表承诺把会议决议纳入法律草案,以确保决议生效;三是确定了独立的日期。刚果代表团大胆地提出了1960年6月1日为独立日,比利时人对此十分震惊,一时难以接受,于是提议刚果在7月31日独立。经过紧急磋商,双方各退一步,确定为6月30日!在布鲁塞尔的国会大厦里,当双方代表团成员为独立日起立鼓掌时,刚果代表团恍若梦中!

图2　约瑟夫·卡萨武布在1960年1月27日比利时－刚果圆桌会议上

图3　1960年1月,卢蒙巴出席了关于刚果独立的比利时－刚果圆桌会议

　　比利时政府同意刚果很快独立确实超出了刚果人的预期。事实上,刚果代表团成员虽然准备不充分,却也并非草率。在殖民地纷纷独立的大潮下,比利时很难断绝刚果人独立的念头;在刚果采取军事行动绝不可能在议会中获得多数

人的支持;《联合国宪章》及美国、苏联的反殖民
主义立场使它几乎不可能调动军队。此外,比利
时大概认为独立后的刚果也绝难摆脱自己的控
制:刚果部长顾问将继续由比利时人担任,白人
军官仍在军队中任职,比利时大公司仍能控制其
经济命脉,传教士还能继续在刚果传教并从事教
育活动。

令人振奋的消息传来,刚果人立即沉浸在独
立带来的喜悦中,相信刚果的黄金时代就要到
来。全国发行的宣传册子里满是美好的承诺,其
中不乏滑稽可笑的说法:"欧洲人留下来的物资
将成为我们的财产,房子、商店、卡车、商品、工厂
以及土地将归还给我们","所有法律都会被废
除,我们再也无须听命于传统的酋长、传教士、老
板"。"独立"被人们视为救世主降临的时刻,天真
的人们期待翻天覆地的变化,仿佛他们的一切梦
想都会因此而成真。

可惜,刚果为独立准备预留的时间实在太短
了。国家虽然一步步走向独立,但很多方面仍处
于混乱和迷茫之中,国家经济之钥更是被比利时
牢牢控制着。在距离独立仅有4个月的时间内,

他们要组建过渡政府，起草宪法，设立参众两院，扩大政府部门，任命外交使团，组织省级和全国选举，确定内阁和国家元首。此外，他们还要设立中央银行，发行邮票，甚至设计驾照、车辆牌照等。

为商讨处理殖民政府撤离后的刚果工业发展有关事宜，布鲁塞尔召开了第二次圆桌会议。5月国内大选在即，刚果的重要政治人物都回国为大选作准备了，出席会议的均为年轻的政党成员。这些年轻人不具备基本的金融和法律知识，只能任由比利时代表团安排。绝大多数比利时公司担心该地区经济不稳以及被国有化，纷纷选择回国，使刚果遭受了巨大的税收损失。殖民政府在殖民地公司中所持股份被比利时的政客和商业领袖转入一个新成立的比利时刚果开发公司的名下。6月27日，比利时议会还解散了加丹加特别委员会，使新国家丧失了对矿业巨头——矿产联合会的管理权。

5月末，全国大选如期举行，结果早已在刚果人的预料之中。除了卢蒙巴的民族运动党外，最大的赢家是一些区域性政党，如阿巴科党在下刚果省获胜,科纳卡特党在加丹加南部获胜。在选举中,竞争力最强的三位候选人分别是卡萨武布、卢蒙巴和冲伯。卡萨武布在刚果西部有很大的影响力,卢蒙巴的支持者主要在西北部和中部地区,而冲伯的力量主要在南部(尤其是加丹加),三者的力量中心分别是利奥波德维尔、斯坦利维尔和伊丽莎白维尔。在所有的政党中,没有一个政党能占有绝对优势,卢蒙巴的刚果民族运动党在众议院获得的席位甚至不足1/4(137个议席中占33个)。

6月23日,刚果首届中央政府明确了权力分配,其中阿巴科领导人卡萨武布任总统,刚果民族运动领导人卢蒙巴任总理,基赞加为副总理。新政府的人员年龄结构非常年轻,75%的成员不满35岁,最年轻的仅26岁(即托马斯·康扎,第一位获得大学文凭的刚果人,任驻联合国大使)。冲伯意识到自己错失了良机,只好勉强接受了一个部长级职位和一个副部长职位。他所在的加丹加省贡献了政府税收的大头,而在政府中的权力所得却微不足道,这让他耿耿于怀。

6月30日上午9时,来自比利时、美国、苏联

图4　1960年6月16日，卢蒙巴在利奥波德维尔举行的新闻发布会上

及非洲友邦等众多政要步入刚果国家宫的圆形大厅，见证刚果的独立庆典。大部分来宾都身着黑色西装，有人佩戴着传统头饰，总督则戴着用秃鹰羽毛装饰的遮阳帽。博杜安国王特地飞临刚果，要把主权交还给刚果人。如果从利奥波德二世创建自由邦算起，比利时人对刚果的殖民统治已长达75年！

1960—1965年国家独立初期，由于外国的操纵和干涉以及国内各派政治力量的争斗，刚果经历了战乱和政治不稳定时期，政府更迭了7次，先后出现了：

卢蒙巴政府（1960.6.30—1960.9.14），

以邦博科为首的专员委员会

（1960.9.19—1961.2.9），

基赞加政府（1960.12.12—1961.8.4），

伊里奥临时政府（1961.2.9—1961.8.1），

阿杜拉政府（1961.8.1—1964.6.30），

冲伯政府（1964.7.9—1965.10.12），

金巴政府（1965.10.18—1965.11.24）。

来宾坐定后，独立仪式开始。按照既定的程序，博杜安国王第一个发表讲话。在演讲中，他盛赞利奥波德二世在刚果的努力，列举了比利时对刚果做出的"巨大贡献"，劝诫独立政府不要过多改变比利时在刚果所建立的统治制度。最后，他深情地表示："请向我们证明对你们的信任是完全正确的，如果需要帮助，千万不要犹豫，我们时刻都站在你们身边，随时为你们提供建议！"毋庸置疑，这番言论更适合1900年而非1960年，台下听众只是礼貌性地鼓掌。第二位发表演讲的是刚果新任总统卡萨武布。在之前的市政选举中，卡萨武布曾严厉抨击殖民当局，这次演讲却十分委婉。这也难怪，演讲稿的起草者曾任总督的私人秘书。

据说，在独立仪式的几天前，卢蒙巴就看到了总统的演讲稿，心里暗自不快。在总统演讲的几分钟里，他还在不停地修改自己的演讲稿，誓要借这次机会对殖民主义痛斥一番。终于，卢蒙巴按捺不住激愤的情绪，甚至完全抛开外交礼仪，对国王的讲话大加驳斥：

如果今天刚果的独立由我们与比利时一致宣布，如果说比利时是一个友好国家，如果说我们和比利时平等共处，那么真正的刚果人应该永远不会忘记，这份独立是通过抗争实现的。日复一日的抗争，炙热的抗争，带有理想主义色彩的抗争。在抗争中，我们不遗余力，不畏艰险，承受了痛苦和血的代价。

　　饱含泪水、苦难和鲜血的抗争让我们的每一个细胞都充满了荣誉感，因为它们是高尚的，是正义的，为了结束强加给我们屈辱的奴隶身份，它是不可避免的。

　　几十年的殖民统治，被操控的命运不会从记忆中消失，我们的伤口还是新的，还很痛。我们付出艰苦劳动，换得的工资却无法让我们吃饱穿暖，无法让我们拥有体面的住房，无法给我们的孩子无忧无虑的成长环境。

　　从早到晚，我们一直被讽刺，被羞辱，只因为我们是黑人。谁又能忘记，黑人永远被称为"你"，不是出于亲热，而是因为"您"是专属于欧洲人的尊称！

我们见证了这个国家的原材料以合法的名义被盗走，但这种法律只将权利赋予最有势力的人。

我们见证了法律对欧洲人和黑人的不平等：对前者通融，对后者残忍。

我们见证了一些人因为政治信念和宗教信仰被流放，过着的悲惨生活。他们在自己的国家被流放，其命运比死亡还要糟糕。

在城市中，我们见证了欧洲人住进华丽的房子，而黑人只能住茅草屋；见证了黑人不被允许进入所谓的"欧洲人电影院""欧洲人餐馆"和"欧洲人商店"；见证了欧洲人享受豪华客舱，而黑人只能在他们脚下的货舱里容身。


如卢蒙巴所愿，他慷慨激昂的演讲点燃了群众被压抑已久的情绪。场上一片沸腾，卢蒙巴被支持者的掌声前后打断八次。他结合历史及具体事例，痛斥比利时的残暴统治让刚果人民遭受了"比死亡更悲惨"的掠夺与压迫，提醒人民不要忘记殖民主义者对他们的侮辱和种族歧视,不要忘记过去沉重的奴隶劳动、贫穷和饥馑,更不要忘记殖民者对刚果爱国者的残害和屠杀。今天,这份演讲已被视为20世纪最伟大的演讲之一,也是非洲去殖民化历史进程中的重要里程碑。

或许卢蒙巴本人也没有想到,他的演讲引发了各种对立的言论。有人争论卢蒙巴是否有必要说出这些话;有人认为,与他的轻率和粗鲁比起来,卡萨武布更冷静,有教养,更像是一位绅士,值得尊敬。在国家独立的这一天,卢蒙巴应该说,"你们已经独立了,来吧,享受你们的独立!"而不是旧事重提。即便在卢蒙巴最忠实的支持者中,有人也不免忧心忡忡,认为卢蒙巴的演讲不符合刚果民族运动党的纲领,甚至认为他是在"政治自杀"。

艰难而突然的刚果独立历程揭示出一个非洲国家的诞生及其隐忧:去殖民化进程开始得太晚,独立来得太快太早,狂欢的表象难以掩饰许多暗流涌动的风险。

## 2.独立后刚果内外交困

刚果宣告独立,更名为"刚果共和国"(Republic of Congo),也称为刚果第一共和国,首都为利奥波德维尔。独立后的刚果并没有掌握在"它自己的孩子"手中,比利时殖民主义势力依然根深蒂固。刚果的军队、警察以及矿业联盟仍在比利时的控制之下,位于刚果南部的加丹加等地方分裂势力也在伺机而动。同时,美国中央情报局、比利时情报机构的秘密代理人以及英国、法国等也都在密切注视着这里。人们不愿承认的真相是,新政府所继承的不过是一个政治与社会认同普遍缺失、经济濒于崩溃、财政预算赤字估计为2800万英镑的"烂摊子"。

首先是政党问题。阿巴科党有着强烈的分离主义倾向,卡萨武布设想的联邦主义是一种松散的政府形态,最终目的是争取下刚果的独立。科纳卡特党从诞生之初就有明显的脱离刚果的倾向,该党领导人冲伯正是打着"加丹加必须由加丹加人统治"的旗号而获胜的。为了维持在加丹加的经济利益,西方政府和私人势力暗中支持科纳卡特党,期望加丹加能由殖民统治直接过渡到加丹加定居者自行管理。他们支持冲伯建立分裂政府,并提供技术支持和物质保障。在这种形势下,刚果没有建立可以掌控全国局势的大党,而那些控制地方的党派很容易发展成分裂势力。

其次是部族问题。刚果是非洲最复杂的部族国家之一,地区之间差异明显,彼此离散。独立前后的刚果由于城乡差距过大,不同地区的民众对于独立的态度和要求也大为不同。例如,卢卢巴在独立前是一个封闭的小村庄。这里受到传统政治制度管理,村民并不关心外面的世界。而在刚果第三大城市斯坦利维尔,种族矛盾是最根本的问题。大多数刚果人处于被剥削和压榨的社会底层,目睹欧洲人过着舒适、富足的生活,心生不满,他们希望改善生活水平。

最后是刚果的武装力量。自从沦为殖民地,刚果治安部队就始终掌握在比利时殖民当局手中,受比利时总督的领导。圆桌会议决定给予刚果独立后,刚果人要求军队立即非洲化。双方对武装力量的争夺将成为刚果独立后的一颗不定时的炸弹。

与此同时,外部势力也对刚果虎视眈眈。在殖民统治时期,刚果的经济基本处于比利时人的控制之下。对比利时政府来说,刚果的经济意义非比寻常,如果完全与刚果决裂,无论是海外业务、投资成本,还是就业、税收,都会使比利时面临严重损失。因此,比利时必须尽力长期维护刚果私人企业的合法地位。除比利时外,英国在加丹加投入了大量资本,而法国、西德和意大利则是加丹加铜矿和其他矿产的主要消费者,这些殖民国家都希望在非洲保有自由行动的权利。

放眼当时的国际环境,刚果独立前后正是全球冷战的紧张对峙时期。意识形态的对立和国家利益的冲突已经成为二战后国际秩序的重要特征,并在世界范围内逐渐形成了以美国为首的资本主义阵营和以苏联为首的社会主义阵营。随着20世纪50年代末欧亚冷战格局的形成和世界范围内殖民化浪潮的兴起,美苏开始把势力范围逐渐扩大到广阔的第三世界。

美国对刚果的政策主要取决于其全球战略考量。在冷战的最初十年,美国对刚果的关注点主要在于矿产资源的开发利用和比利时的战后重建。到20世纪50年代后期，对抗共产主义威胁的需要使美国必须对非洲采取更为积极的政策，因而开始从强调对非洲的经济援助转向强调非洲的政治和战略的重要性。从总体上看，美国对刚果保持了克制态度，基本以尊重西方盟国的意愿为先，不愿过多介入非洲事务。对于新独立的刚果未来的发展趋势，美国虽然略感担忧，但还是希望与刚果新政权结好，使之保持亲西方倾向。

对苏联而言，非洲地理位置遥远且没有重大利益，因此在刚果问题上一直保持温和的态度。刚果独立和卢蒙巴上台后，苏联开始重新评估这一地区。苏联最高领导人赫鲁晓夫希望苏联能够领导亚非地区独立运动，制定了貌似克制、实则更为进取的外交策略。起初的行动仅限于派代表、搜集情报等，并没有提供实质性的帮助。1959年，卢蒙巴曾两次向苏联代表请求援助，苏联均未作出明确答复。很明显，苏联尚未作好直接援助非洲国家的准备，同时也担心陷入援助的"泥淖"中。

独立前夕，刚果似乎一片祥和与宁静，但在深处却暗藏着的是从未消失的不安与恐惧,而非新的希望。面对经济上的虚弱不堪和来自内部与外部的重重危机,以及新领导人缺乏丰富的治国和外交经验的困境,身处冷战阴霾下的刚果新政权显然难以应付来自各方的威胁,一场潜伏的危机即将爆发。

# 三、刚果危机爆发及其进程

　　刚果人庆祝独立的狂欢余音未绝,国内就出现了刚果士兵抗议比利时军官的哗变,随后的骚乱迅速呈现出星火燎原之势。比利时以保护侨民为名出兵占领刚果多个重要城市,并支持加丹加分裂。为了维护全国统一,总理卢蒙巴被迫先后向联合国和苏联请求援助。美国总统艾森豪威尔秉承杜鲁门政府时期的遏制政策,不想让这里成为"另一个朝鲜";苏联试图将刚果拉拢到自己的阵营;而亚非新兴国家以联合国为舞台,发出自己的声音。随着世界主要大国的介入,刚果危机逐渐成为冷战时期多方势力博弈最典型的舞台之一。

## 1.刚果危机爆发

刚果虽然获得了独立,但新生的国家并没有完全掌握在自己手中:在比利时人埃米尔·杨森斯(Émile Janssens)的领导下,刚果治安部队中的1000名欧洲人军官控制着25000名刚果士兵,矿业公司则控制着刚果的经济命脉,中情局、比利时情报机构的秘密代理人以及英、法也都在密切地注视着这块热土。

1960年7月4日,首都附近的利奥波德二世兵营在午后操练时,一些士兵拒绝服从命令,杨森斯按照惯例当场对这些士兵给予降级处分。但这一次,他的处理办法没有收到预期效果,反而引发了更激烈的反抗,约500名士兵聚集在食堂表达了郁积已久的不满。次日,杨森斯在军营的黑板上嘲弄似的写下了"独立前=独立后"。这一举动践踏了士兵们对国家独立的自豪感和自尊心,触碰了他们的心理底线。当晚,兵营里愤怒的士兵发动了兵变,拘禁了比利时人军官,并开始逮捕、侮辱和攻击其他欧洲人。

危急形势下,刚果军队非洲化问题立即被提上了新政府的议程。卢蒙巴总理立即赶赴发生动乱的兵营,承诺解除所有比利时军官的职务,各级指挥权完全由刚果人掌握,并任命维克托·伦杜拉(Victor Lundula)为治安部队总司令,蒙博托为参谋长,同时改组刚果治安部队为刚果国民军(Armée Nationale Congolaise, ANC),只选留了一批值得信任的比利时军官为国民军顾问。这些决定虽然解气,却似乎过于仓促了:伦杜拉缺乏管理现代军队的能力,而蒙博托在政治上和军事上并不具备应有的经验。事态虽然得到暂时缓和,士兵迅速高涨的不满情绪却未能平息,由此引发的民众骚乱也迅速向全国各地扩散。7月9日,伊丽莎白维尔发生了流血事件,5名欧洲人被杀害。

　　刚果独立前,比利时政府希望比利时人尽可能留在原来的岗位上继续工作。此刻,他们只想以最快的速度离开这一是非之地,回到祖国。短时间内,外逃的汽车排成长龙,大众甲壳虫、皮卡、奔驰车首尾相接,也有很多人直接抛弃汽车,选择步行逃离,比利时政府则组织航空公司将数万名侨民空运回国。

比利时居民大撤离直接导致刚果损失了约1万名文职人员、1.3万名私营部门工人和8000名种植园主，迫使手足无措的刚果人填补这些工作岗位，甚至担任起了管理者的职位。他们普遍素质低下，缺乏工作经验，难以胜任新的工作，社会一度陷入群龙无首的瘫痪状态。同时，刚果以出口为导向的农业（棉花、咖啡、橡胶等）也开始衰退，高度依赖专业技术的领域更是遭受了重创，好在采矿业没有受到根本性的冲击。

　　7月10日清晨，比利时驻刚果卡米纳基地的约300名伞兵全副武装降落在伊丽莎白维尔机场，迅速控制了该城市大部分地区。当晚，两个连的比利时伞兵部队进攻开赛省首府的路路阿堡机场，占领该城市，并用同样的方式占领了雅多维尔市。对于比利时打着保护侨民，维护刚果秩序的旗号擅自使用武力的行为，卡萨武布和卢蒙巴自然大为愤怒，但由于兵力不足，也只能睁一只眼闭一只眼。经过谈判，卢蒙巴勉强同意比利时军队在开赛和加丹加暂留两个月，以保护其侨民的人身与财产安全。

　　比利时的军事干预不仅于此。7月11日，两艘比利时军舰炮轰刚果重要的港口城市马塔迪，造成多名刚果士兵死亡，而这显然和保护比利时公民毫无关系。同日，在比利时军队的支持下，科纳卡特党领导人冲伯发表了《加丹加独立宣言》，宣布加丹加省脱离刚果共和国。随后，他还表示加丹加将与比利时在经济上进行合作，请求比利时的承认。15日至18日，比利时伞兵又先后占领了下刚果的战略要地基奎特市、基武省的戈马和金杜以及东方省的布尼亚等地。刚果的士兵暴动尚未平息，又面临着比利时武力干涉和国家分裂，历史对一个新生国家的考验竟如此残酷。

加丹加分裂对刚果的政治、经济与社会造成的损失巨大。加丹加省的面积虽然不到刚果的1/12，人口只占1/20，却是刚果最大的矿产地，铜、铀、锌、钴、锡、金、钨、锰和无烟煤等蕴藏量大，其中铜、钴等收入占全国总收入的3/5。独立时，加丹加依托矿业公司已初具国际化城市的发展势头：英镑成为这里的通用货币；英语成为优势语言；公路交通网初具规模，还有与英属北罗得西亚相通的铁路网。加丹加独立是作为国家领导人的卡萨武布和卢蒙巴无法容忍的。一听到它宣布独立的消息,两人立马飞往加丹加。令人始料未及的是,比利时军队控制了加丹加的机场。当飞机飞临伊丽莎白维尔准备降落时,却遭到比利时军队的拒绝。

在刚果和国际舆论的压力下,比利时政府显然不能公开承认加丹加是一个独立的国家,但加丹加行政领袖、比利时士兵和矿产联合会的管理层早已密切接触。在获得对加丹加的实际控制权后,比利时军队解除了刚果国民军的武装,迅速帮加丹加组建了一支军队——加丹加宪兵队(Gendarmerie Katangaise),比利时国家银行(Belgian National Bank)则帮助冲伯政权建立了加丹加中央银行(the Central Bank of Katanga)。同时,比利时还派遣技术援助使团前往加丹加,后来,这一技术顾问团俨然成为冲伯的指挥中枢。

刚果突然而至的紧张局势迅速引起相关国家的密切关注。不少欧洲殖民国家在非洲有着直接或间接的现实利益,十分担心卢蒙巴政权的激进行为影响原殖民统治。亚非新兴国家则担心这场危机不利于东部与中部非洲的独立运动,希望刚果的非殖民化顺利进行。

多重难题让卢蒙巴意识到，此时紧迫的任务不再是继续平息国内的士兵叛乱，而是向外寻求第三方势力制约比利时在刚果的行动。7月12日，即加丹加宣布"独立"的第二天，卡萨武布和卢蒙巴作为刚果总统和总理向联合国发送电报，请求联合国介入并迅速向刚果派遣军队。

## 2.卢蒙巴为解决危机四处奔走

彼时的联合国虽然是一个相对年轻的国际组织，但在瑞典前首相之子达格·哈马舍尔德的率领下，也在积极地为维护国际和平做出贡献，例如在1956年苏伊士危机期间成立了维和部队赶赴中东冲突地区。此后，秘书长哈马舍尔德一直践行他的"预防外交"，即"从一开始就是以预防为目的"，以填补政治真空的方式"避免各方中任何一方采取行动"。

在刚果行动期间，联合国大会同意把日常行动的权力交给秘书长，哈马舍尔德决定立即采取行动。7月13日晚，安理会召开紧急会议。苏联提出接受卡萨武布和卢蒙巴的所有请求，其他成员同意进行干预,但在谴责比利时的态度上迟疑不决。秘书长表示,联合国行动的主要目标是维护和平,而不是执行刚果政府的命令:从长期看,应向刚果提供技术援助,使其能有效地管理自己的事务;从短期看,应向刚果提供军事援助,以恢复法律和秩序。次日凌晨4点左右,联合国通过第143号决议(1960),要求比利时政府从刚果领土上撤军,同时决定向刚果派遣维和部队。此后,联合国刚果行动(Opération des Nations Unies au Congo, ONUC)很快成为规模空前的联合国行动(下文统一将"联合国刚果行动部队"称为"联合国维和部队")。

第143号决议是在安理会紧急会议上通过的仅有美、苏两个常任理事国支持的"联合国历史上最具争议性"的决议。美国的赞成票是不情愿的,其目的是安抚联合国内的非洲成员,并希望该决议不会引起比利时人的抵制。苏联投赞成票并非出于对秘书长计划的信任,而是承认自己在非洲问题上能力有限。赫鲁晓夫明确表示:"刺刀是比利时人,但老板是美国、比利时、英国和西德大垄断集团。"英、法两国选择弃权,以示对比利时的同情。

接着,哈马舍尔德迅速组织联合国维和部队开赴刚果。在具体由哪些国家出兵的问题上,苏联代表索伯列夫提议,联合国维和部队只能从非洲国家抽调,而美、英、法等国以非洲部队缺乏经验为由,建议以西方国家部队为主。哈马舍尔德权衡后认为,这次行动应该主要由非洲部队执行。考虑到他们没有能力单独完成任务,因而采取了折中方案,既接受非洲国家部队,又呼吁西方国家出兵。这样,非洲部队构成了刚果行动的核心力量,其他部队则从3个欧洲国家、1个亚洲国家以及1个拉美国家征募。在选择欧洲国家时,哈马舍尔德有意回避了北约组织与华约组织成员,只选了爱尔兰、瑞典和南斯拉夫3个没有殖民主义史且容易被非洲接受的国家,北约成员挪威和丹麦只准提供后勤人员。随后,秘书长任命了瑞典将军卡尔·冯·霍恩(Carl Von Horn)为总司令,印度准将里克耶为刚果军事顾问。

　　在联合国决议通过48小时内,派往刚果的先遣部队就已经准备就绪。这支部队由埃塞俄比亚、加纳、几内亚、摩洛哥和突尼斯等非洲国家的士兵组成,共7个营,约4000人。哈马舍尔德深知刚果危机迅速扩大的危险,于是请求美、英、苏为其提供运输机,以便把部队快速地部署到刚果各地,得到积极响应。苏联派出10架伊尔运输机,往刚果运送卡车、食物和武器。美国在调运维和部队上非常积极,分别征用了近50架飞机,用于此次部署部队和后续支持。

7月15日下午,1020名突尼斯人和1250名摩洛哥人组成首批联合国维和部队,带着数百吨美国军需品抵达利奥波德维尔市,并于次日清晨进驻电台、电站等要地。到26日,维和部队超过8000人,分散部署到加丹加以外的所有省份。至7月底,联合国维和部队增加到1.1万人,总指挥部设在利奥波德维尔,共有4个分区指挥部。随着这些部队相继部署到位,各大中城市的社会秩序明显好转,哈马舍尔德因此被誉为"刚果黑暗中的一盏指路明灯"。

第143号决议的内容简单且含糊,并未明确比利时的军事干预是否构成侵略,也没有规定比利时撤军的具体时间。联合国决议虽然授权秘书长向刚果提供军事援助,却未说明何种军事援助。比利时表示,除非联合国维和人员能够确保比利时公民的安全，否则不会服从命令。卢蒙巴对此决议也不满意，因为它既没有谴责比利时，也对应对加丹加的"独立"只字未提，与他最初以为联合国将赶走比利时士兵，继而解决加丹加的分裂问题的设想差别实在太大。他简单地认为，只要安理会通过给予刚果总体援助的决议，向秘书长提出的任何要求都能得到满足。事实并非如此。

面对卢蒙巴的诉求，哈马舍尔德坚持认为，除非维和部队自卫，否则不能使用武力。对于加丹加的分裂，比利时撤军和联合国维和部队的部署二者之间并非简单地以一种行动取代另一种。在撤军问题上，他支持比利时部队首先撤至它在刚果的军事基地，然后从刚果全境撤离。卢蒙巴对此强烈反对，坚持"撤离"就意味着比利时部队立即从刚果全境撤离。事实上，直到8月底，比利时1万名士兵才开始被迫撤离刚果。

卢蒙巴在对第143号决议理解上的偏差和对联合国维和部队行动"不力"的不满很快表现在具体的行动上。7月17日，他与卡萨武布联名向秘书长发出最后通牒：如果在72个小时内（到7月19日），联合国不能履行刚果所托，那么刚果政府将请求苏联的干预。此话一出,联合国、西方国家、亚非国家,甚至刚果政府的其他官员都恐慌不已。无奈之下,比利时的干涉部队被迫陆续撤离利奥波德维尔地区,又以第143号决议没有对其军事行为提出指控为由,拒不从其他地区撤军。

苏联在这场危机中对刚果表现出极大的同情,这使卢蒙巴认为只有苏联的介入才能解决刚果的乱局与分裂。于是,他与卡萨武布联名向赫鲁晓夫发去电报,请求他时刻关注形势的发展,以应不时之需:

> 如果西方阵营不终止对主权国家刚果共和国的侵略,我们不得不请求苏联出面干预。刚果领土现被比利时军队占领,共和国总统和总理的生命也处于危险中。

据说,这封电报内容在发给莫斯科之前已经泄露给中情局,美国立刻神经紧张起来:刚果是在向苏联求助吗?卢蒙巴是不是已经彻底投入苏联的怀抱?无论如何,美国决策层必须迅速制定新的应对方案,并通过更隐秘的渠道发挥影响力:联合国和中情局。第一，与联合国密切沟通并对比利时施加压力，以便占据主动地位；第二，策动刚果政治反对派推翻卢蒙巴政府，并为此授权中情局驻刚果情报站站长拉里·德夫林（Larry Devlin）培植刚果从政者的亲美立场；第三，积极准备以武力应对危机。

显然，卡萨武布和卢蒙巴低估了这份电报的影响力。由于卢蒙巴过去的言论总是那么激进，人们不免怀疑他有共产主义倾向，与苏联的接触也被看作他倾向布尔什维克主义的证据。不过，真正了解卢蒙巴的人都知道，他的政治思想更倾向于自由主义而非共产主义。他无意推进工业和农业的集体化，反而更有兴趣从国外吸引私人投资。作为刚果新生资产阶级的一分子，他的泛非主义完全以刚果为参考依据。很多人甚至忘了，卢蒙巴是和卡萨武布一起写信给赫鲁晓夫的，而卡萨武布绝不是共产主义者，卢蒙巴又怎么会是呢？他们之前都没有担任过任何重要的政治职务，更缺乏对外关系的经验，面对国家突如其来的混乱与分裂状况，他们只是想获得国际援助。至于卢蒙巴向苏联求助，很可能是一种极度愤怒和无助下的草率之举。

不幸的是,他们求助苏联仿佛打开了潘多拉魔盒。卢蒙巴无论如何也不会想到,他的这封电报随即为超级大国集团之间的冷战开辟了一个新战场:非洲。接到该电报一天后,赫鲁晓夫在一封热情的回信中承诺,如果比利时及其盟国仍继续"帝国主义侵略",苏联将会"毫不犹豫地采取果断措施,终止这样的侵略"。尽管这时赫鲁晓夫的积极回应在很大程度上仍是象征性的,但无疑让刚果领导人信心倍增。

突然之间,非洲成了焦点。在此之前,东西方的紧张局势主要出现在东欧和亚洲。如今,刚果成为撒哈拉以南非洲第一个被卷入两个超级大国之间纷争的国家。刚果地域辽阔,地理位置重要,地下矿藏丰富,控制刚果就可以控制整个中部非洲。在美国看来,当时世界上只有两个国家拥有制造导弹和其他武器所需要的钴矿:一个是刚果,另一个就是苏联,放任刚果投靠苏联将会严重危害美国的军事利益。

自刚果危机爆发以来,西方社会关于刚果的报道从未间断,但大都有失偏颇。在国内,卢蒙巴和卡萨武布的关系渐渐疏远。几乎每个人都站在卡萨武布一边,建议他抛弃卢蒙巴。为了向联合国和美国强调联合国维和部队进驻加丹加地区的必要性,同时为了争取更多美国人,尤其是争取视他为英雄的美国黑人青年对刚果独立事业的同情与支持,卢蒙巴决定亲自前往美国进行正式访问。

年轻的刚果政府显然没有与外部世界打交道的经验,不懂得国际规则,行为具有很大的随意性。在卢蒙巴决定访问美国后,政府人员根本没有预约,直接就去了美国驻利奥波德维尔大使馆,要求使馆工作人员为总理及其随行共24人发放签证。7月23日,飞往美国的飞机关上舱门后,卢蒙巴才意识到此行缺少负责新闻发布的随行人员,只能现场指派了一位根本来不及办理护照和签证的新闻部人员。

在加纳政府专机的帮助下,卢蒙巴等人于24日抵达纽约,受到了加纳、摩洛哥、苏丹等非洲国家驻联合国代表、美国护送官员及刚果驻联合国官员的迎接。

对于卢蒙巴的来访,美国政府内部起初也曾

图 5　卢蒙巴抵达纽约（1960 年 7 月 24 日）

产生分歧。部分官员认为这是争取他的好机会，而几位主要官员对此并不热心，艾森豪威尔总统也拒绝接见卢蒙巴。7 月 27 日，卢蒙巴与美国国务卿赫脱举行了正式会晤，系统阐述了自己关于刚果问题的政治见解，严厉谴责比利时的军事干涉违反了两国签订的友好条约，并自信地宣称，只要比利时撤军，5 分钟后，刚果的秩序就能恢复正常。

　　对于卢蒙巴的请求，赫脱并不准备满足，甚至对他为自己和卡萨武布提供一架小型飞机的请求都没有答应，只是一再重申，美国只能通过联合国向刚果提供援助。在当晚的记者招待会上，赫脱表示,联合国才是对此事负责的机构,单个国家不应表现得太过积极。在此之前,美国就进一步明确了自己将全力支持比利时的立场,希望其部队快速撤回并放弃刚果的军事基地,美国将继续寻找更值得信任的卢蒙巴反对者。考虑到卢蒙巴空手离开可能造成的不利影响,赫脱匆忙宣布,美国政府正在考虑向刚果提供技术与经济援助的一揽子计划,但并未提及该计划的细节。

此次会晤,卢蒙巴给美国官员留下了十分不理性的印象。联合国总部对卢蒙巴的来访也持消极态度,甚至拒绝了他在联合国大会发言的请求。哈马舍尔德建议卢蒙巴参加安理会下周一举行的非洲国家联合国代表的午餐会,这样可以与安理会成员代表非正式交谈。在与哈马舍尔德的会谈中,卢蒙巴重申联合国维和部队进驻加丹加的必要性,却立即遭到秘书长的拒绝,还因"提出无法满足的要求,并要求立即取得结果"的无理做法令在场官员心生反感。

美国政府如此冷淡消极的态度令卢蒙巴极度失望。7月28日,他决定前往加拿大访问。然而,加拿大也明确表示所有给予刚果的援助都必须通过联合国获准。在确信无法从美国或加拿大获得必需的援助后,卢蒙巴秘密会见了苏联驻加大使。31日,苏联政府公开声明,苏联将毫不犹豫地采取坚决措施反击侵略者,并愿意积极地考虑给予刚果广泛的经济援助,承诺为刚果提供100辆载重汽车,派出一个医务工作小组,并提供必要的药品和医疗设备。

面对苏联的慷慨相助,卢蒙巴在记者招待会上激动地宣称,苏联才是唯一根据刚果人民的意愿提供援助的大国。8月6日,苏联政府声明,如果派往刚果的联合国维和部队没有能力有效保证驱逐外部干涉军队,那就把那些愿意参加这一正义行动的国家的军队派往刚果。4天后,苏联商船"列宁诺戈尔斯克号"满载9000吨小麦、1000吨糖和大量奶粉,停靠在刚果港口城市马塔迪。超级大国在刚果的冷战竞争与对抗似乎一触即发。

美国政府对卢蒙巴请求苏联出兵与苏联的强硬声明和援助十分震惊。为了阻止苏联在刚果的"渗透",美国建立了由非洲事务局领导的国务院-国防部工作小组,负责制订刚果问题的应急计划。

随着美苏卷入刚果的程度迅速加深,哈马舍尔德意识到,联合国必须在亚非国家的支持下有所作为。8月8日,安理会通过第146号决议(1960),要求比利时军队立即从加丹加撤离,但并未授权联合国维和部队干涉加丹加内部事务。秘书长认为,加丹加分裂,应该由卢蒙巴与冲伯通过和谈的方式解决。很显然,这一决议远没有达到卢蒙巴的要求。在对联合国彻底失望后,卢蒙巴拒绝了与它的任何联系,越来越敌视秘书长和联合国刚果行动中的欧洲人。

事实上,美国与苏联向刚果提供援助并非出于善意,只想把这里变为对自己有利的力量。美国的刚果政策是保持克制,并避免东方势力介入其中,而苏联政府则希望借机介入刚果。在苏联单边干涉既成事实的形势下,美国政府认为,仅依靠联合国不足以实现自己的既定目标,必须单独采取行动。

就在这时,糟糕的事情又发生了。8月9日,刚果民族运动党卡隆吉派领导人阿尔贝·卡隆吉(Albert Kalonji)在开赛省南部宣布独立,成立"开赛矿业共和国"。盛产钻石的开赛是刚果的又一个重要矿区，经济地位仅次于加丹加。卡隆吉曾是卢蒙巴的支持者，但两人在大选前失和，使他在组建新政府时错失了部长职位。南开赛的"独立"主要是由种族因素推动的。卡隆吉代表的巴卢巴人原是开赛的原住民，他们到加丹加的矿区工作，遭到当地人的敌视。卡隆吉希望通过成立新的国家，为巴卢巴人重建家园。冲伯对此表示支持，他和卡隆吉甚至决定组建邦联。

对卢蒙巴政府而言，南开赛分裂与加丹加分裂都是无法接受的。这一次，卢蒙巴决定再次求助于外界力量：无论谁能帮他收复加丹加、南开赛，并赶走比利时人，他都会接受。他还向联合国放出狠话："刚果永远不做联合国的殖民地，永远不接受联合国的托管。"8月12日，哈马舍尔德亲率联合国维和部队进驻加丹加，从比利时军队手中接管了伊丽莎白维尔。

随后，哈马舍尔德及其代表拉尔夫·本奇（Ralph Bunche）访问了加丹加。由于事先没有征得刚果政府的同意，卢蒙巴对此颇为不满。8月14日，哈马舍尔德在返回利奥波德维尔后收到了卢蒙巴的一封信。在信中，卢蒙巴拒绝了他对安

图 6　1960 年 8 月 12 日,联合国秘书长哈马舍尔德和冲伯在伊丽莎白维尔机场

理会决议的解释,谴责联合国干涉加丹加与中央政府的冲突。他要求从联合国维和部队手中接管刚果的所有机场,联合国要为刚果国民军和来自非洲各地的部队进驻加丹加提供运输机,把缴获的加丹加宪兵队武器置于中央政府控制之下,所有非非洲人部队都要从加丹加撤离。最后,他宣称,若上述要求不能得到满意的答复,他的政府将被迫采取其他措施。第二天,双方又连续交换了五封信。卢蒙巴重申刚果政府已对秘书长失去信心,要求他修改自己对决议的解释。对于卢蒙巴的"无理"请求,哈马舍尔德决定不予答复。从此,两人的关系彻底破裂。

失去了联合国的援助，刚果只能独立地解决南开赛的分裂，卢蒙巴向该地区派遣了一支刚果军队。这支部队纪律松散，军官都是2个月前从士兵中提拔上来的，在与分裂势力的战斗中未能取得胜利，反而导致了数千平民丧生。哈马舍尔德得知后十分震惊，谴责这是"对人类基本人权最明目张胆的侵犯，是种族屠杀"。

由于两次安理会会议无果而终，卢蒙巴最终放弃了联合国帮他结束加丹加分裂问题的幻想。于是，他向苏联政府正式提出军事援助请求，并开始制订进攻加丹加与南开赛的作战计划。苏联的军事援助迅速提上日程。

8月24日，卢蒙巴严正要求联合国维和部队把利奥波德维尔机场转交给刚果政府，否则将以武力强行接管该机场。他从比利时航空公司下属刚果航空公司征调了5架飞机，陆续把大约1000名士兵从利奥波德维尔空运至路路阿堡。这一天标志着卢蒙巴在苏联的帮助下开始以武力方式结束南开赛和加丹加分裂。

刚果士兵哗变，加丹加宣布独立后，卢蒙巴政府、加丹加反对派与外部势力相互对抗和相互利用,使刚果危机迅速升级为一个国际热点问题。若能与联合国合作,卢蒙巴可借机提高在国内外政治中的地位,并赢得亚非中立国家的支持。没有联合国的参与,这些外部的承认与支持都难以存在,与联合国决裂是卢蒙巴的致命错误。果不其然,他的政府及其本人很快成为这场较量中的牺牲品。

### 3.蒙博托政变与卢蒙巴之死

正当相关各方陷入紧张的僵持时,一场突如其来的政变打断了苏联军事援助卢蒙巴政府的进程,也从根本上逆转了刚果未来可能向好的发展趋势。

在这场危机的前两个月,总统卡萨武布一直都在幕后。这时,他抓住机会,做了西方顾问推动他做的事:解除卢蒙巴的总理职务。9月5日晚8点,刚果国家电台传出卡萨武布的声音。他指责总理卢蒙巴"挑起冲突,剥夺公民自由,陷国家于内战",宣布罢免他的总理职务,同时被罢免职务的还有副总理安托万·基赞加以及5位部长。

他还命令刚果国民军放下武器,号召联合国维和部队承担起维护刚果和平的责任。卡萨武布的做法是有据可依的。刚果《临时宪法》规定:国家元首有权任命总理和内阁部长,也有权解除总理和内阁部长的职务。

对于收听国家广播的人来说,这是政府广播史上最古怪的一个晚上。从卡萨武布的公开演讲中,本地人居住区、工人阶级社区和内陆村庄里的刚果人都得知,卢蒙巴不再是他们的总理,他的职务由温和派约瑟夫·伊莱奥暂代。让听众更为吃惊的是,不到一小时后,他们又听到卢蒙巴用不连贯的法语宣布:解除卡萨武布的总统职务。卢蒙巴的依据则是《临时宪法》第51条:只有众议院和参议院才有宪法解释权。

这一晚实在是太混乱了。刚果好像觉得自己面临的危机还不够多一样,除了已经出现的军事、行政、经济、种族和全球危机,现在又要应对宪法危机。9月13日,议会坚定了对卢蒙巴的信任,拒绝承认伊莱奥为新总理。卡萨武布深感羞辱,并在第二天宣布众议院休会一个月。

卡萨武布的举动并非偶然。早在筹划独立阶

段,他与卢蒙巴作为刚果两位最大政党的领导人就因权力分配问题存在矛盾,这种矛盾随着国家独立后各权力机构的运行而逐渐显现出来。卡萨武布自知能力和声望比卢蒙巴低得多,面对总理主导刚果事务的局面,他十分担心卢蒙巴会趁机扩大势力,进而影响自身的政治地位。因此,双方联盟的破裂只是时间问题。

联合国得知刚果突然而至的宪法危机后,担心卡萨武布与卢蒙巴相互解除职务引起民众暴乱,于是授权维和部队封锁了国家电台和总统府,关闭了各大要地的机场。这一行动使卢蒙巴无法利用国家电台动员支持他的民众,也无法把远在斯坦利维尔和路路阿堡的部队运送到首都;而支持卡萨武布的大部分军队就驻扎在利奥波德维尔附近,调动十分便利。这些所谓的中立行动表面上是控制刚果危机升级,实际上巩固了卡萨武布对首都地区及要地的控制权。

得知卢蒙巴遭受的不公待遇后,以苏联为首的国际社会直接对联合国提出严厉谴责,赫鲁晓夫直指哈马舍尔德本人滥用权力。在联合国维和部队关闭利奥波德维尔机场和国家电台后,苏联飞机还在使用其他机场为卢蒙巴向开赛地区运送部队，后续的飞机则经开罗直飞刚果。此时，卢蒙巴并未彻底失去对刚果形势的掌控能力，其部队仍继续对加丹加和开赛发动攻势。驻守国家电台的部队也开始让卢蒙巴使用电台，甚至允许他进入国会大厦向内阁提出请求。

联合国与美国很快意识到，若不采取积极行动，形势将有利于卢蒙巴逆转。9月7日，哈马舍尔德忧虑地指出，自己承认并支持卡萨武布，但是卢蒙巴如果赢得这场斗争，可能会要求联合国部队撤出刚果。为避免出现这种窘境，他再次强调比利时部队完全撤离刚果的重要性，否则会继续削弱联合国应对苏联干涉的能力。面对卢蒙巴的影响力比卡萨武布大得多的现实，美国宣布向刚果行动提供大约4000万美元的捐助，用于阻止苏联"渗透"。10日，联合国维和部队解除了驻利奥波德维尔的3000名刚果国民军的武装，还向他们发放了危机爆发两个月以来拖欠的薪饷，要求刚果全境停火。

局面错综复杂，统治刚果的仿佛不再是政府，国家利益已经彻底让位于混乱的权力争斗。正当卡萨武布与卢蒙巴争执不下时，经过本土化改造的国民军迅速成为政治舞台上的一支重要力量，其参谋长约瑟夫·蒙博托成为举足轻重的人物。9月14日晚，在中情局的支持下，蒙博托发动了军事政变。他向媒体宣布，国民军决定自即日起"中立"国家元首、政府和议会，直至当年12月31日。在局势得到改善前，他将建立由大学毕业生和在校生组成的"专家委员会"，并在外交部部长贾斯汀·邦博科的主持下治理国家。他要求卡萨武布和卢蒙巴不得擅离自己的住所，并派兵封锁了总统府和总理府。此外，他还宣布与联合国合作，要求苏联、捷克和中国外交使团和技术人员在48小时内离境，并将共产党国家的大使馆置于军队的监管之下。

这是一场主要针对卢蒙巴的政变，从根本上逆转了卡萨武布与卢蒙巴之间的政治较量。卢蒙巴被软禁在首都的家中，不得擅离住所。他的电话线路被切断，与外界断了联系，副总理安托万·基赞加成为卢蒙巴政府的代表。卡萨武布尽管也被软禁起来，却可以主持专家委员会的就职仪式，并继续接待外国使节。那么蒙博托的这次军事政变缘何而起？美国究竟在其中发挥了什么作用呢？目前的文献资料表明，蒙博托政变的主要推动者正是美国，中情局在其中发挥了关键性的作用。

起初，美国国务院、大使馆和中情局并不十分看好蒙博托。随着刚果形势的急剧发展，蒙博托因控制着军权而受到中情局的重视。此时，蒙博托对卢蒙巴反复无常地调动国民军也心生不满。政变前，他曾就"中立"总统卡萨武布与总理卢蒙巴之事会见中情局驻刚果情报站站长德夫林，坦言自己若得不到美国的支持，只能支持卢蒙巴。德夫林当即向他保证，美国政府会对其作出承认。9 月 10 日，联合国秘书长临时代表安德鲁·戈迪亚（Andrew Cordier）授权给予蒙博托由美国提供的100 万美元，用于支付国民军的军饷。就在政变之前，德夫林还允诺次日向蒙博托出资 5000 美元，用于抚恤政变失败后的高级军官的家属。随后，蒙博托向中情局透露了政变的具体计划：控制电台，组建一个新的政府，驱逐苏联、捷克大使馆和中国代表团。这样，当消极的卡萨武布无法与卢蒙巴抗衡时，中情局已经有了"以卡萨武布名义管事的人"。

图7　1960年9月在利奥波德维尔的蒙博托

　　蒙博托政变后,被软禁的卢蒙巴觉察到自己的生命受到威胁,请求联合国提供保护。于是,一队加纳维和士兵受命驻扎在他的花园里,防范可能出现的袭击。事实证明,卢蒙巴请求联合国维和部队的保护是非常有必要的。就在10月10日,蒙博托派遣200名士兵前往卢蒙巴的住所,试图将其逮捕,遭到维和部队制止,双方的对峙持续了几个星期。后来,蒙博托又派刚果国民军在围墙外修筑工事,设立岗哨,盘查一切进出的人员与车辆,阻止卢蒙巴外出。在遭受不得已的围困之下,笼中苍鹰可有机会再度翱翔长空?

　　在总理府外,卢蒙巴的支持者仍具有相当大的力量。就在蒙博托的“专家委员会”成立后不久,坚决拥护卢蒙巴的基赞加、伦杜拉等人在东方省首府斯坦利维尔宣布成立新的中央政府,并得到苏联等社会主义国家以及加纳、几内亚、马里等非洲国家的承认。从11月起,基赞加不断向苏联请求武器、军火援助并获得了谨慎的同意。

这样,刚果仅在独立4个月后就同时存在了4个政权,每个政权都有自己的军队和外国支持者。在利奥波德维尔,卡萨武布和蒙博托获得美国的支持,凭借美国提供的资金,蒙博托得以重建国民军;在斯坦利维尔,基赞加仍然支持卢蒙巴和国家统一;在伊丽莎白维尔,冲伯领导着自己的"独立"国家,并得到比利时的后勤和军事援助(宪兵队中的比利时军官为数众多),矿产联合会则提供了大部分财政支持;在巴宽加(Bakwanga),卡隆吉领导的南开赛也成为巴卢巴人的"独立"国家,活跃着比利时的钻石商人。

政变后大约两周内,蒙博托表面上在卡萨武布与卢蒙巴之间坚守"中立"。在联合国大会召开期间,刚果民众群起反对蒙博托,支持卢蒙巴;滞留刚果的比利时人也对蒙博托的游移不定表示担忧。由于国内外压力急剧增大,刚建立不久的亲西方政府似乎在走向瓦解，蒙博托不得不开始考虑与卡萨武布建立政治联盟。

美国一直谨防刚果基地群被苏联集团控制，进而威胁"自由世界"在该地区的空中与海上交通。对于苏联军事援助卢蒙巴，美国政府自然十分紧张，不希望联合国维和部队撤离刚果。于是，美国各部门开始相继制定应对方案，决定在联合国框架之外采取单独行动，并开始考虑从根本上解决问题——除掉卢蒙巴本人。

关于除掉卢蒙巴的想法，艾森豪威尔早在7月中下旬就已产生。在9月19日与英国外交大臣休姆的会谈中，他直言希望卢蒙巴"落入一条满是鳄鱼的河流中"。杜勒斯、美国驻刚果大使克莱尔·廷伯莱克（Clare H. Timberlake）曾用"极大的危险""攻击性狂人"等字眼形容卢蒙巴。

为此，中情局迅速制定出暗杀卢蒙巴的具体方案，主要包括秘密投毒和雇用杀手两种。中情局毒品专家约瑟夫·施奈德（Joseph Scheider）证实，他与负责秘密行动的副局长理查德·比斯尔（Richard Bissell）在1960年曾就暗杀国外领导人有过两三次谈话。两人的谈话神秘而诡异，就差直接说出双方的名字了：中情局已获得一种将为"最高当局"暗杀行动服务的致命生物材料，这种物质要在夏末或秋初制造出来，用于暗杀一位"非洲领导人"。

9月27日，投毒行动组成员德夫林在回电中称，这次暗杀行动最好通过刚果人实施，美国只需提供幕后的金钱、武器和建议等帮助。如果总部同意，自己将派一名可靠的代理人以避难为由混入总理府，伺机行动。行动组最初想把毒药放入卢蒙巴的食物或牙膏或者"任何能进入嘴巴的东西"，还详细探讨了如何把这种物质投入卢蒙巴的食物或牙膏中。后来，德夫林对投毒计划显得犹豫不决，加之联合国维和部队昼夜保护卢蒙巴，使他很难找到合适人选和时机接近卢蒙巴。10月5日，由于这种物质未经冷藏且不稳定，有效期将至，施奈德被迫离开刚果，返回总部。在离开之前，他把毒药投进了刚果河。

施奈德的这一说法与后来德夫林的回忆并不一致。德夫林说，自己曾于10月7日向总部发过一份电报，称施奈德留下了一些有用的东西（指毒药），情报站将设法继续完成该行动。后来，他找到了合适人选,探明了卢蒙巴的住所。由于无法确保行动万无一失,他建议总部派一名训练有素的第三国国民执行暗杀计划,总部表示可以考虑这一建议。后来,投毒计划暂时搁浅,该有毒物质一直存放在德夫林的办公室。直到12月卢蒙巴被捕后,有毒物质才被扔进刚果河。

事实上,暗杀行动尚未开展,卢蒙巴就逃离了总理府。卡萨武布和基赞加都宣称自己代表合法的国家政府,并积极寻求国际认可,甚至把战场搬到联合国大会上。在联合国,刚果代表团分成两个阵营:卡萨武布、蒙博托派对阵卢蒙巴、基赞加派,其中时任刚果驻联合国大使托马斯·康扎是卢蒙巴政府的代表。卡萨武布还特意亲赴联合国,宣称自己代表刚果共和国唯一合法政府,解除卢蒙巴的总理职务是有宪法支持的。11月22日,投票结果揭晓:53个国家支持卡萨武布,24个国家反对,19个国家弃权。

这一投票结果意味着,卡萨武布代表团在联合国获得代表席位,而卢蒙巴政府在国际上失去了合法性。听到这一消息后,卢蒙巴坐卧难安。未来,他还有东山再起的机会吗?

此前，康扎曾恳请卢蒙巴在寓所耐心等到肯尼迪入主白宫，因为那时国家安全委员会将召开会议，(刚果)议会也将重新召开。如果议会重新信任卢蒙巴政府，那么他将重新任总理，否则他将领导反对派。受困已久的卢蒙巴显然没有耐心等到那个时候，既然联合国已经有这么多国家不支持自己，维和部队还会保护自己吗？于是，他决定前往支持者的大本营——斯坦利维尔，再与朋友们重整旗鼓。11月的刚果正值雨季，27日晚，超强热带风暴来袭，驻守在他住宅的士兵不得不找地方躲避风雨。卢蒙巴趁机躲进一辆雪佛兰汽车的后备厢里，在倾盆大雨中离开了总理府邸。

那时，刚果道路状况良好，如果卢蒙巴中途不停留，两天就能到达斯坦利维尔。被软禁数月的卢蒙巴见到民众太过激动。途中，他热情地与大家打招呼，在群情鼎沸中拖延了很多时间，当晚没能离开首都。没过多久，蒙博托就发现卢蒙巴逃跑了，他和比利时顾问以及中情局人员都担心卢蒙巴会卷土重来，于是决定不惜一切代价逮捕卢蒙巴。一家欧洲航空公司为此提供了一架飞机和一名善于低空侦查的飞行员,在追捕中,情报站人员和蒙博托的追兵封锁了卢蒙巴可能逃跑的所有道路。很快,蒙博托的追兵就发现了卢蒙巴的车队:3辆汽车、1辆卡车。12月1日,在弗朗基港(Port-Francqui,现称伊莱博,刚果民主共和国西南部港市),卢蒙巴及其随从在试图渡过桑库鲁河(the Sankuru River)时被蒙博托的追兵逮捕。

卢蒙巴等人被押回了利奥波德维尔,中情局的暗杀计划随之取消。被捕当天,卢蒙巴在恩吉利机场最后一次公开露面的惨状被许多联合国观察员、新闻记者和游客看到:"他的眼镜没了,穿一件脏污的衬衫,头发散乱,脸上有血迹,双手被反绑着,被人用枪托粗暴地押上卡车。"有人甚至往他嘴里塞了一团纸,纸上的内容是他在独立日发表的演讲。随后,蒙博托把他们囚禁在蒂斯维尔军营。

卢蒙巴被捕后,有消息说他将被判处死刑。哈马舍尔德非常担心卢蒙巴被杀会对联合国刚果行动造成不利影响,于是两次写信提醒卡萨武布要按照《人权宣言》公正对待卢蒙巴,否则将引起联合国内部的不满。果然,联合国内部对卢蒙巴被捕及其未来命运的反应十分强烈。12月6日，苏联代表要求联合国召开紧急会议，立即采取措施迫使刚果当局释放卢蒙巴，还要求联合国解除蒙博托等"恐怖主义分子"的武装，并将所有比利时军人与官员逐出刚果。联合国还受到来自中立主义者、亲共产党的非洲国家和苏联集团越来越大的压力。

12月12日，基赞加公开宣称，自己将代行刚果总理之职，斯坦利维尔为刚果唯一合法政府的新首都。两天后，他致电赫鲁晓夫，请求尽快获得苏联的军事装备和食物援助，以击退蒙博托部队的入侵。直到25日，赫鲁晓夫才在复电中表示，苏联难以向他迅速提供大量的援助，只能保证今后会同其他与刚果共和国友好的国家一道，给刚果人民及其合法政府提供帮助和支持。

赫鲁晓夫的这一谨慎态度是可以理解的。一方面，苏联直接向基赞加所在的东方省提供援助可能会引来巨大的国际压力；另一方面，由于相距遥远，苏联向刚果运送军事物资并非易事。例如，在美国的压力下，苏丹拒绝了苏联红十字会运往斯坦利维尔的物资入境，苏联只好另寻其他非洲国家路线。

1960年12月底和1961年1月初,刚果的形势极为复杂。基赞加政权逐步巩固了对东方省的控制后,开始向南攻入基伍省的布卡武市。随后,他的部队进入加丹加北部地区,获得了当地巴卢巴人的支持。在占领加丹加北部最大城镇马诺诺后,基赞加宣布这里是北加丹加的省府。其他支持卢蒙巴的部队则向西部进军,进入赤道省的北部边界。基赞加政权也得到了社会主义国家的承认,多国陆续向斯坦利维尔派驻使节。

刚果的乱局迅速把卢蒙巴本人推向了死亡的边缘。1961年1月13日,卢蒙巴在狱中写信给哈马舍尔德,请求他帮助自己获释。由于两人之前的种种不快,哈马舍尔德表示拒绝。当日,蒂斯维尔军营的士兵愤然而起,扣押了军官并在军营中游行,高喊"释放卢蒙巴""拥护卢蒙巴"等口号,并威胁要用武力让卢蒙巴重获自由。卡萨武布、蒙博托、邦博科等人对这次哗变极为震惊,立即前往该军营带走卢蒙巴等人,决定把他们送往南开赛共和国"首都"巴克旺加。1月17日,卢蒙巴及其亲信——约瑟夫·奥基托(Joseph Okito)和莫里斯·莫波洛（Maurice Mpolo）三人被押上飞机，踏上了他们生命的不归之路。

下午4点50分，飞机降落在伊丽莎白维尔。机场上，近百名武装士兵正等着他们。下飞机之后，他们立即被车队押送到布鲁韦别墅（Villa Brouwez）。这是一座无人居住的独立别墅，离机场不远。2名比利时军官率领宪兵，负责别墅内外的安保工作，后来又有3名加丹加内阁部长前来，继续殴打卢蒙巴三人。当晚6点到8点，冲伯和几位部长碰头，共同决定处死卢蒙巴。

随后，卢蒙巴等3人被押上一辆汽车的后座，

图8　卢蒙巴等人被押送到伊丽莎白维尔机场（1961年1月）

随行的还有另外几辆车。夜幕已经降临，车队一直往西北方向前进，穿过草原开往雅多维尔。大约1小时后，汽车在一个隐蔽的地方停了下来。路边的灌木丛中有一口浅井，是几个小时前才挖好的。旁边站着一些穿黑色制服的警察和卫兵，还有冲伯等人。3人被一个接一个拉到井边，枪声响起。晚上9点43分，卢蒙巴最后一个倒下。后来，他的尸体被挖出、锯成碎块，投入装满硫酸的浴盆里，两颗镶金的牙齿也被人取下，同时被砍掉的还有三根手指。

卢蒙巴的死讯传出后，国际社会为之惊愕，多地发生了严重的骚乱。从维也纳到新德里，人们走上街头游行抗议，埃及还出现了袭击美国、比利时大使馆的暴力活动。2月15日，包括学生、妇女组织、劳工领导人和主要人民党代表在内的300名加纳人在美国驻阿克拉使馆前举行抗议，他们举着牌子，上面写有"美国人谋杀了卢蒙巴""推翻美国在非洲的帝国主义""美国人，你们没有人性！"等标语。在纽约联合国总部大厦外，美国黑人组织游行，甚至发生暴乱。中国政府在声明中痛责以美国为首的帝国主义集团和联合国，北京还举行了10万名群众参加的隆重集会,并为卢蒙巴及其遇害的同事降半旗致哀。3月25日至30日,第三届全非人民大会宣布卢蒙巴为非洲英雄。在1966年刚果独立6周年之际,蒙博托正式认定卢蒙巴是刚果民族英雄,把金沙萨(前利奥波德维尔)市主要街道之一命名为卢蒙巴大道(Boulevard Lumumba),并为他建造了宏伟的纪念碑。此后,关于他的讨论、纪念活动从未间断,作为"烈士"的卢蒙巴成为一个远比他活着时更具有影响力的精神人物。

苏联、加纳和摩洛哥的国家元首都对这一卑鄙的谋杀行为表示愤怒,纷纷谴责哈马舍尔德对卢蒙巴的死负有直接责任。赫鲁晓夫直指哈马舍尔德在刚果没有持公正的立场,并趁机提出解除他的秘书长职位,代之以三人执行机构的"三驾马车",分别代表西方国家、社会主义国家和中立国家,将联合国总部迁到瑞士或奥地利,甚至也可以设在苏联,以保证所有国家的利益,不再重演刚果的惨剧。"三驾马车"方案一经提出,立即遭到美英等国家的强烈反对,联合国内部危机迅速达到白热化程度。

卢蒙巴惨遭杀害是20世纪最重要的谋杀案之一，无论对刚果政局的发展，还是对国际社会的影响都可谓深远。究竟是谁谋杀了卢蒙巴等人，或者说谁应该为这起谋杀案负责呢？国际舆论界及学术界对此争论已久，并围绕卢蒙巴遇害展开三次大规模调查。

第一次，联合国于1961年2月组成卢蒙巴遇害调查委员会。该委员会经过长达10个月的调查后认为，与加丹加省政府所说的卢蒙巴、奥基托和莫波洛于1961年2月12日被部族村民杀害的结论相反，他们是于1961年1月17日到达离伊丽莎白维尔不远的一座别墅后，很可能当着加丹加省高级官员（即冲伯、穆农戈和基布韦）的面被杀害。

第二次，美国参议院于1975年1月建立了"丘奇委员会"（Church Committee）调查情报活动。最终，委员会认为，尽管中情局驻刚果情报站官员觉察到了刚果移送卢蒙巴到巴克旺加的计划，但他们和伊丽莎白维尔的中情局代表事先并不知道卢蒙巴将被移交加丹加。到1960年后期，中情局的活动目的是除掉卢蒙巴，但中情局驻刚果代表并没有参与谋杀卢蒙巴，也不知道他抵达加丹加后的命运。

第三次，1999年，比利时议会迫于舆论压力成立了专门的调查委员会。2001年11月，该委员会发布了长达1000页的报告。报告在结论中指出，虽然没有证据表明比利时政府当时参与了杀害卢蒙巴的行动，但是确有一部分比利时人参加了对卢蒙巴的敌对行动，比利时应负有"政治和道德责任"。当事人克雷奥法斯·卡米达杜同时强调，美国政府特别是中情局是整个事件的幕后策划和操纵者，比利时只不过是在前台指挥了下一步行动而已。2002年2月5日，比利时外交大臣路易·米歇尔在比利时议会发表讲话称，当年比利时政府中相关大臣的"冷漠无情"对卢蒙巴之死负有不可推卸的责任，并对卢蒙巴遇害事件给该国人民和卢蒙巴的亲属造成的痛苦深刻道歉。

导致卢蒙巴惨死的原因是多方面的，而深层原因恐怕正如中情局驻刚果情报站站长德夫林承认的那样：卢蒙巴"缺乏世界政治的经验，他与苏联的调情使之成为美国的一个重要威胁"。卢蒙巴政府作为刚果独立后第一个民选政府,有着非常明显的优势与缺陷。在争取民族解放和国家独立的斗争中,卢蒙巴在全国获得了极高的声望与支持,他所领导的刚果民族运动党也是唯一的全国性政党。不过,他只能获得议会中1/4席位中一半的支持,地位并不牢固。另外,由于缺乏足够的教育经历和政治经验,他在国家面临严重危机时,无法像一个成熟的政治家那样考量所有的利害关系,只是在激进的民族主义思想引导下,试图用尽可能快的简单手段(包括一些令西方误解的激进行为)达到目的。

让人感慨万千的是,1961年1月初,被囚禁在狱中的卢蒙巴仍是刚果最强有力和最受欢迎的领导人。看守他的官兵邀他共进圣诞晚餐,并公开要求还他自由。那时,廷伯莱克不得不哀叹说:除卢蒙巴外,刚果"没有人能获得使之成为总理的某种能量、推动力和想象力"。正是卢蒙巴凭借一腔孤勇和正义之心,刚果才能摆脱长期以来深受殖民主义毒害的枷锁,建立新的国家,拥有独立发声的话语权。然而,既要在面对强权时不卑不亢,又要有足够的政治智慧和治国经验在各方利益之间纵横捭阖,对于一个新生的政权而言,显然时机还不够成熟。

# 四、刚果危机的终结

卢蒙巴试图利用美苏冷战对峙的机会完成国家的统一大业,结果却引火烧身。这一悲剧的发生使刚果失去了唯一的民族领导人,导致刚果政府内各派之间和解的希望基本破灭,形势变得更为复杂。在经历诸多波折之后,中央政府在联合国和美国的帮助下终结了加丹加分裂政权,结束了这场国际性的危机。

## 1.刚果合法政府的重建

1961年1月美国新任总统肯尼迪上任伊始,就试图尽量兼顾新兴亚非国家的立场和非洲当地人民追求民族独立的诉求,制定解决刚果问题的新政策。当然,他的新政策与其前任在本质上都主要依靠联合国解决问题。不同的是,肯尼迪更侧重于和联合国共同努力化解刚果各方敌对派系的矛盾，继而结束加丹加的分裂与外部干涉。

对此，刚果国内反应强烈。卡萨武布认为，美国和联合国的新政策侵犯了刚果的主权，要求联合国开展任何行动前必须与刚果政府协商，否则无权组织召集刚果议会和重组国民军。在此期间，刚果各派政治力量开始出现重新分化与组合的趋向。卡萨武布和蒙博托、冲伯一样，手上虽然都沾满了卢蒙巴的鲜血，但卢蒙巴之死并没有让前两人的关系走得更近。现在，权力斗争就要在他们三人之间展开。

卡萨武布决定主动出击。因自身力量太弱，不足以同时对付加丹加和斯坦利维尔两个政权，与冲伯联盟显然更为有利。1961年3月8日，两人在塔那那利佛（Tananarive，今马达加斯加首都）就反对共产党专制和联合国监护进行会谈后达成《塔那那利佛协定》，同意刚果成立以卡萨武布为总统、由大约10个部落主权邦组成松散的邦联制国家，并同意在联合国尊重刚果独立主权之前拒绝与之合作。

《塔那那利佛协定》可以说是刚果中央政府的一次投降和冲伯的一次胜利。它相当于确认了加丹加在一个高度分散国家中的主权地位，而且冲伯没有承诺向中央政府缴纳矿业收入。冲伯如此有底气，自然与比利时人在背后的支持脱不了干系。那时，矿产联合会早已不再向利奥波德维尔当局交税，而是把资金提供给了加丹加当局。比利时人控制着加丹加的行政、经济和军事，几乎每一个加丹加部长的背后都有一名比利时顾问，一些主要机构如加丹加国民卫队、加丹加情报机构和中央银行都由比利时人领导，加丹加的宪法也由比利时教授起草。冲伯仰仗的主要军事力量是欧洲雇佣兵，而他的对手是联合国维和部队、刚果国民军以及加丹加北部的巴卢巴人。这一阵容看似庞大，其实联合国维和部队在行动中犹豫不决，刚果国民军素质低下且不稳定，巴卢巴人的主要武器还处于冷兵器时代。

　　对于《塔那那利佛协定》，蒙博托坚决拒绝。他还反对哈马舍尔德与卡萨武布进行任何单边交易，并以不许联合国维和部队重返马塔迪或者其他战略地区作为威胁。重压之下，哈马舍尔德与肯尼迪只好一致表示不接受《塔那那利佛协定》。卡萨武布也被迫宣称,除非经过刚果议会的批准,否则这次会议的所有决议均无效。

正当刚果国民军与联合国维和部队紧张对峙时,基赞加政权的经济危机更加恶化,不得不改变对联合国和西方国家的强硬立场,开始强调自己不是共产主义者,而是努力恢复社会秩序的中立者,并将接受所有可能的援助。这一态度的转变很快得到了美国政府的积极回应与支持,随后美国彻底拒绝承认加丹加的独立。

3月18日,美国政府决定向联合国捐助1500万美元,联合国大国委员会也作出决议,每月向联合国拨付100万美元。新决议和资金让联合国刚果行动暂时度过了最困难的时期,也使哈马舍尔德重燃对刚果行动的信心和希望。

1961年7月13日,在美国和联合国的支持下,刚果议会在洛瓦宁大学召开,筹备重建刚果合法政府。7月29日,冲伯在复电中表示,只有首先安排首脑会议,他才会派出加丹加议员。由于不愿到利奥波德维尔会谈,他于30日飞到刚果(布)首都布拉柴维尔与蒙博托的专员会面。结果,他以自己的要求没得到满足而继续拒绝参会,并于8月1日返回伊丽莎白维尔。

8月2日,刚果上、下议院一致同意卡萨武布任命参议院中间派议员西里尔·阿杜拉(Cyrille Adoula)为总理。阿杜拉顺利组建新政府,基赞加成为3位副总理之一,邦博科继续担任外长。随后,阿杜拉宣布新政府将奉行"不结盟"政策,但会与美国继续维持密切关系。13日,哈马舍尔德代表联合国正式承认刚果新政府。苏联政府也审时度势,放弃了对基赞加政权的微弱支持,承认了阿杜拉政府。

洛瓦宁会议的召开以及阿杜拉政府的建立结束了刚果由于卢蒙巴遭到卡萨武布解职而引发的宪法危机,成为刚果走向统一的里程碑。在阿杜拉上任初期,刚果持续混乱的政治局势似乎出现了黎明的曙光,以前的对手现在热烈地拥抱在一起,彼此以兄弟相称,声明过去的恩怨一笔勾销,愿在重建国家中密切合作。联合国驻刚果代表也相信刚果行动的关键期已经结束,建议今后的主要任务应该从经济与政治援助转向经济、社会及行政方面的援助。

然而,事情的进展远非联合国所认为的那样顺利。在阿杜拉政府建立后,冲伯依旧照常发行独立的货币,拒绝悬挂刚果国旗,以比利时为主的外部势力仍在继续支持加丹加。8月28日凌晨,阿杜拉政府与联合国的"朗庞奇军事计划"(Rumpunch)正式实施,以武力驱逐仍在加丹加任职的欧洲人军官、雇佣兵以及未得到授权的人员,开展对加丹加的重大进攻。

9月13日凌晨,联合国维和部队又实施了阻止暴乱与驱逐加丹加外国军官、雇佣兵的"毛瑟计划"(Morthor,印度语意为"粉碎"),迅速控制了伊丽莎白维尔市。无奈之下,冲伯逃往北罗得西亚地区,并在当地欧洲人的帮助下开始反攻,刚果再度陷入紧张局势。加丹加的雇佣兵撤退到罗得西亚,并在那里继续战斗,"毛瑟计划"宣告失败。

这次军事行动也使当地许多无辜平民被害,救护车被攻击,医院遭到轰炸,超过3万巴卢巴人因害怕冲伯的报复过着流浪的生活。在伊丽莎白维尔的路边,他们用纸板、树枝等搭建小屋。联合国的军事行动很快陷入困境,也引起国际社会对其行动能力的质疑。

由于没有美国运输机的支援,联合国维和部队无法取得对加丹加宪兵队的优势。哈马舍尔德被迫于9月16日致电冲伯,提出停火并与其会谈的倡议。冲伯表示同意,两人约定在北罗得西亚恩多拉市(Ndola,今赞比亚境内)举行私人会晤。17日晚,哈马舍尔德乘坐的飞机在接近目的地时坠毁,全体乘客遇难。随着哈马舍尔德的意外身亡,许多不为人知的秘密也都被带走了。

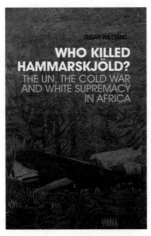

　　图9　伦敦英联邦研究学院高级研究员苏珊·威廉姆斯(Susan Williams)查阅了多种档案,并赴瑞典、赞比亚等国采访证人,出版著作《谁杀害了哈马舍尔德?》(*Who Killed Hammarskjöld?*)。作者将矛头直指英美,在书中直言:不论空难的细节如何,哈马舍尔德的死几乎就是一场阴谋造成的。

## 2.刚果分裂的结束

哈马舍尔德逝世后,经过6周多的激烈讨论,缅甸人吴丹(U Thant)于11月3日被任命为联合国代理秘书长。24日,安理会通过第169号决议,首次明确要求结束加丹加的分裂。随着联合国的增援部队陆续抵达加丹加,一场战争如箭在弦。

在此期间,相关各方促进刚果政治和谈的努力并未停止。为得到美国政府的持续支持,阿杜拉同意与冲伯会晤。美国政府解密档案记载了阿杜拉与冲伯刚见面时的情形:起初,气氛紧张了20分钟,不过阿杜拉还是出现了,两人双臂相拥,热情问候,紧张气氛被打破,联合国摄影师迅速忙碌了起来。谈判虽然并不十分顺利,但在多重压力下,双方最终达成《基托纳协定》。冲伯宣布接受国家宪法——《基本法》,承认刚果共和国是不可分割的有机整体,卡萨武布为国家元首。不过,这只是冲伯的缓兵之计。协定墨迹未干,他就以武力反对联合国维和部队,还公开宣称加丹加最大的敌人不是联合国,而是美国。

基赞加任副总理后,美国担心他会推动刚果议会通过武力统一加丹加的决议,建议阿杜拉撤销其副总理之职。为了增强自己的个人威望与地位以获得国内外的有力支持,阿杜拉听从了美国的建议,在 1962 年 1 月 8 日召集刚果议会,要求基赞加在 48 小时内到首都履职并解散他的部队。基赞加回应说,自己的部队只是为了阻止基伍省建立独立政权,无意分裂国家,中央政府的首要任务应该是结束加丹加分裂。1 月 15 日,阿杜拉再次召集议会,剥夺了基赞加的议会豁免权。基赞加内心不满,其部队与忠于阿杜拉的国民军发生交火,结果溃不成军,绝大多数士兵缴械投降。大势已去的基赞加也被解除了副总理职务,并因威胁国家安全罪被押送到联合国司令部,直到 1964 年 7 月才获释。

　　逮捕基赞加消除了来自斯坦利维尔激进派继续分裂的威胁,也把苏联彻底排除于刚果事务之外。此时,阿杜拉在国内外赢得了越来越多的信任与支持,只剩加丹加这一最大障碍。

　　1962 年 2 月 2 日,阿杜拉接受美国的邀请,乘机前往纽约,开始了他的访美之旅。阿杜拉希望借此机会向联合国、美国寻求支持。同日，他在联合国大会发表演讲，重申刚果继续奉行不结盟政策，并呼吁联合国向刚果增加军事援助，以尽快把加丹加的雇佣兵驱逐出境。2月3日，阿杜拉抵达华盛顿。在与肯尼迪的会谈中，他宣称自己正在准备一场解放加丹加的"警察行动"，希望美国为尽快结束加丹加的分裂提供有力的支持。

值得一提的是，阿杜拉在离开美国前，还特意会晤了苏联驻联合国大使佐林，并在回国后宣称自己接受了访苏的邀请。阿杜拉之所以这样做，无非想表明自己对美国在加丹加问题上坚持进行无休止谈判的不满，并暗示自己并非没有其他选择。在此期间，冲伯也试图访美，遭到肯尼迪的断然拒绝。美国政府表示，除非冲伯能得到阿杜拉政府颁发的护照，否则贸然接受他访美只会激怒阿杜拉政府。

在联合国与美国持续的压力下，冲伯被迫表示愿意接受由民事和军事代表组成的联合委员会，驱逐外国雇佣兵。3月18日，阿杜拉与冲伯在利奥波德维尔正式举行会谈。在中央政府和地方政府权力问题上，冲伯要求各省享有广泛

图10　1962年2月5日,肯尼迪与阿杜拉在白宫

的高度自治权。两人的谈判几乎从一开始就陷入了僵局,之前达成的《基托纳协定》形同一纸空文。

此后,阿杜拉在加丹加分裂问题上承受的国内政治压力急剧增大,对联合国和美国的失望与愤怒与日俱增,联合国在加丹加问题上也陷入进退维谷的境地。考虑到联合国刚果行动的资金紧张状况,秘书长吴丹提出两点计划:第一,剥夺冲伯对各大矿业公司的征税权,断绝冲伯政权的经济来源;第二,在国际上孤立加丹加。

8月14日,"吴丹计划"正式出台。该计划与之前美国所提出的采用经济手段制约加丹加的新思路一致,故而获得了美国的认可和支持。在"吴丹计划"的实施过程中,美国与苏联为了拉拢阿杜拉政府,都向其作出援助承诺,这也坚定了阿杜拉尽快结束加丹分裂的信心和决心。10月17日晚,他在国家电台发表演讲,声明刚果政府必须对加丹加采取强硬立场,同时希望美国向刚果国民军提供飞机等军需物资。美国政府骑虎难下,不得不表示将向刚果提供最大程度的经济援助——在未来6个月内,为阿杜拉政府拨款和贷款5000万美元作为基金。

　　10月中下旬,突如其来的古巴导弹危机一度把美、苏拖到了核战争的边缘。这场危机后,肯尼迪在处理对外事务上更加谨小慎微,转而重点考虑如何避免与苏联发生直接对抗,进而对武力解决加丹加分裂的方案表示严重怀疑,希望阿杜拉政府承担起更多的责任。这时,刚果行动每月支出1000万美元的巨额花费以及"吴丹计划"迟迟没有结果,使联合国再次处于极大的压力之下。11月2日,联合国维和部队与加丹加警察发生冲突。随后，宪兵队报复性地劫持了联合国价值100万美元的燃油和食物。更糟的是，尼赫鲁宣布由于中印边界战争，不得不召回联合国刚果行动中规模最大的、最有效的印度部队。在接连打击下，联合国行动陷入困境。

12月28日，联合国维和部队决定破釜沉舟，正式实施"格兰拉姆行动"（Grandslam Operation，即"第三轮"行动），维和部队迅速向伊丽莎白维尔市推进，占领了宪兵队司令部。经过两昼夜的战斗，联合国维和部队控制了整个伊丽莎白维尔地区。随后，维和部队顺利渡过了卢菲拉河，迅速击溃了对岸的加丹加宪兵队。1963年1月3日，维和部队占领了雅多维尔，联合国军事行动迎来了重要转折。等待了太久的胜利终于看到曙光，这为吴丹独立处理刚果问题奠定了基础，此后他不必非要听取大国的建议。

形势的不利令冲伯意识到加丹加分裂到了日暮途穷的地步。1月14日，他与其部长分别致电阿杜拉、吴丹，以及比、美、英、法政府，同意结束加丹加分裂，允许联合国维和部队和人员在加丹加全境自由行动。他还宣布自己将返回伊丽莎白维尔并安排实施"吴丹计划"。23日,刚果中央政府的常驻代表抵达伊丽莎白维尔。至此,这场历时两年半的危机经过多次反复的冲突、对抗与谈判后,终于以刚果统一加丹加而告终。

1963年2月4日,吴丹在给安理会的报告中指出,早期安理会决议提出的关于解决刚果危机的许多基本任务现已大体完成,外国专家和军事人员也已撤出加丹加,能够控制全国局势的联邦政府已经建立。此后,联合国开始考虑减少刚果驻军的数量并逐步结束在刚果的行动。

# 尾　声

从1960年到1963年,持续两年半的刚果危机将世界主要力量卷入其中,内外因素的互动与博弈贯穿始终。它是美国在20世纪60年代非洲非殖民化过程中最为强烈的一次干涉,美国及其对手都为此压上了最大的赌注。在冷战云雾弥漫的20世纪60年代,刚果危机作为一个棱镜,折射出了原殖民地去殖民化的困境,美苏在第三世界的争锋,联合国维和行动的限度等多重问题。

就本质而言,这场由非殖民化运动引发的国际性危机,是由几场互为因果的危机构成的复合物:①叛乱危机。1960年7月初,刚果士兵哗变引发的国内社会秩序混乱。②分裂危机。7月11日,加丹加宣布独立威胁到刚果的统一,并剥夺了中央政府的主要税收来源。③干涉危机。7月9—11日,比利时以保护比利时公民和经济利益为由,贸然调派部队占领刚果的多处要地。④宪法危机。9月初,总统卡萨武布和总理卢蒙巴相互解除对方职务,随后蒙博托发动军事政变,中立了总统与总理。⑤联合国内部危机。主要是东西方阵营以及亚非新兴国家之间围绕着比利时从刚果撤军、联合国的作用等问题出现了严重的分歧。

这一时期的历史仿佛是4个男人之间的淘汰赛,每个人都被一群要为自己争取利益的外国玩家操控着,取得胜利几乎是不可能完成的任务。卡萨武布和蒙博托受美国中情局支配,冲伯是比利时顾问的傀儡,卢蒙巴不得不承受来自美国、苏联以及联合国的巨大压力。国际社会的意识形态竞争放大并复杂化了4人之间的权力斗争,被强权国家在背后操纵的"木偶们"很难真正为民主服务,何况这几人从未在自己的国家里体会过民主。

刚果危机虽然主要以加丹加分裂为中心,继而不断变化、发展,但它绝不是一场单纯的内部争斗。这场危机从爆发之初便有外部势力插手,随着局势的发展,联合国、比利时、美苏和亚非国家等越来越多的国际力量牵涉其中。在复杂的冷战背景下,这场较量不仅是美苏两个超级大国的对抗,更是各自阵营内部之间以及与新兴势力之间的对峙与妥协。

美国与苏联都在刚果把对方视为潜在的威胁,注定了独立后的刚果会成为两国争锋的新战场。在美国看来,如果苏联实现了对刚果的控制,那么附近十几个国家,甚至撒哈拉以南非洲都将倒向苏联的怀抱,从而影响世界政治力量的平衡。因此,美国更多从全球冷战的角度看待刚果危机问题,政策侧重点在于遏制苏联插手刚果,保持西方在该地区的传统优势地位。

对比苏联在刚果危机中的角色,整体上而言,苏联的主要目标在于政治上的考虑,而非经济资源或战略地位。卢蒙巴遇害后,赫鲁晓夫决定放弃关于刚果的争夺。这就意味着,尽管刚果位于非洲的心脏地带,具有一定的经济与战略地位,但毕竟处于冷战的边缘地带,双方都不愿在此大动干戈。难怪,原中情局局长艾伦·杜勒斯在离任几个月后也不得不承认,"在刚果,我们高估了苏联的危险"。

美国与联合国的关系同样值得关注。刚果危机爆发后,美国政府寄希望于通过联合国刚果行动部队,试图以最小代价阻止苏联集团在该地区的渗透。在应对刚果危机问题上,联合国的目标是使一个没有自治经验的国家恢复秩序,并阻止该地区变成冷战冲突的场所。必须承认的是,联合国刚果行动依赖于其成员国的相互妥协与合作。随着更多新兴独立国家的加入,联合国内部对刚果行动的分歧不断增加,倡导中立主义的新兴亚非国家越来越成为不容忽视的国际政治力量。亚非国家在两大阵营之间保持中立,希望第三世界的非殖民化进程能够顺利进行。为此,它们为刚果行动提供了大部分军队,并在联合国拥有了更多的发言权,有时甚至可以增加或者撤离军队推动联合国在刚果的行动。这必然使联合国的自主意识大为增强,也使美国越来越难以像20世纪50年代那样得心应手地操纵联合国了。

当然,加丹加分裂的结束只是标志着刚果危机的结束,并不意味着刚果所有问题都已解决。在步入现代化发展的轨道前,刚果人民面临的国内政治和经济的考验依然严峻。

# 参考资料

## 1.延伸阅读

（1）影片：《雅多维尔围城战》，2016年，里奇·斯迈斯执导，讲述爱尔兰司令帕特·坤兰领导的联合国驻加丹加省雅多维尔维和部队，与当地由比利时、法国派遣的雇佣兵之间展开的5天战斗。影片背景发生在卢蒙巴遇害后，联合国提出"毛瑟计划"，冲伯政权进行反攻，秘书长哈马舍尔德派出由爱尔兰人组成的维和部队进驻雅多维尔。联合国本来要"弃卒保车"，但坤兰领导下的士兵临危不惧，"把每一颗子弹都用了两遍"。150人的连队依靠临时防御工事抵抗10倍于己的敌人长达5天，无一人战死。影片反映的战斗场面宏大而激烈，节奏紧凑，扣人心弦。

（2）书籍：［比］戴维·范·雷布劳克（David Van Reybrouck）：《刚果：一个民族的史诗》，王兴栋译，武汉：华中科技大学出版社，2019年版。作者参考了大量的文献资料，辅以多位刚果重大事件亲历者的讲述，书写了刚果从19世纪下半叶沦为殖民地到21世纪初的一百五十年间的充满血泪的社会变革之路。不同于史学专著的写作手法，作者在书写中倾注了对刚果的热情和悲悯，引发读者反思历史，反思人性，语言富有活力，可读性很强。

（3）书籍：Larry Devlin, *Chief of Station, Congo: Fighting the Cold War in a Hot Zone*, New York: Public Affairs 2007.作为原中情局驻刚果情报站首任站长，拉里·德夫林在书中生动地记录了情报站在收集情报、拉拢刚果高层人物、组织策反以及暗杀卢蒙巴等事例。例如关于卢蒙巴的性格特征、生活细节，美国中情局在多大程度上参与了卢蒙巴之死，苏联如何试图在刚果危机中扩大自身影响力等都有记载。此外，作者也披露了中情局策划用有霉牙膏谋杀卢蒙巴等内情。

（4）纪录片：《哈马舍尔德悬案》。在联合国秘书长哈马舍尔德遭遇离奇空难不幸身亡的半个多世纪后，丹麦记者兼电影制作人麦斯·布鲁格（Mads Brügger）与其瑞典私人侦探搭档约兰·比约克达尔（Göran Björkdahl）一道，试图解开这一尘封多年的历史谜团，却在这个过程中发现了更多扑朔迷离的线索。本片采用了一种奇妙的演绎形式来记录追寻真相的过程，令观众仿佛置身其中，扣人心弦。

## 2. 文献推荐

［比］戴维·范·雷布劳克：《刚果：一个民族的史诗》，王兴栋译，华中科技大学出版社，2019年。

段建国：《刚果（金）文化》，文化艺术出版社，2005年。

姜莉莉：《1960—1963年刚果危机与美国决策》，陕西师范大学硕士学位论文，2006年。

［刚果］乔治·恩荣格拉·恩塔拉耶：《刚果史：从利奥波德到卡比拉》，沈晓雷译，民主与建设出版社，2015年。

［英］迈克尔·克劳德编：《剑桥非洲史·20世纪卷》，赵俊译，浙江人民出版社，2019年。

王延庆:《冷战在刚果:美国对刚果危机(1960—1963)决策研究》,中国社会科学出版社,2017年。

［挪］文安立:《全球冷战:美苏对第三世界的干涉与当代世界的形成》,牛可等译,世界图书出版公司,2013年。

谢珍妮:《革命、内战与外部干涉:刚果危机研究(1960—1963)》,华中师范大学硕士学位论文,2018年。